Ute Lauterbach · Ganz und Anders

Ute Lauterbach

Ganz und Anders

Ein Nachschlagewerk zum Heilungsausbruch

Lüchow

Für Mechthild,
meinen Majestätling,
der unermüdlich
mitschrieb.

Die Deutsche Bibliothek – CIP-Einheitsaufnahme

Lauterbach, Ute:
Ganz und anders : ein Nachschlagewerk zum Heilungsausbruch / Ute Lauterbach. – 1. Aufl. – Freiburg i. Br. : Lüchow, 1996
ISBN 3-925898-65-4
NE: HST

2. Auflage 1999

Lektorat: Mechthild Jauch, Altenkirchen
Umschlaggestaltung: Graphikstudio Mike Bender, Altenkirchen
Satz: Fotosetzerei G. Scheydecker, Freiburg i. Br.
Druck und Bindung: Freiburger Graphische Betriebe
Gedruckt in Deutschland
ISBN 3-925898-65-4

Inhalt

Vorwarnung anstelle eines Vorworts

Ganzwerden oder Heilwerden hat mit Standpunktwechsel zu tun, hat mit **Anders**werden zu tun. Es geht um den gewaltigsten Umzug, und zwar den Umzug in ein anderes Bewußtsein. Erschwerend bei diesem Unternehmen ist leider, daß uns das Leben beziehungsweise unsere jeweilige Art, es wahrzunehmen, auf Schritt und Tritt verfolgt. Oft scheinen wir Gefangene unserer Wahrnehmung und unseres Erlebens zu sein. Und wie unglaublich es ist, daß sich wirklich etwas verändert, wenn wir besagten Umzug vollziehen! Seien Sie vorgewarnt!

Dieses Buch soll einen Umzugsbeitrag leisten. Es besteht aus vielen Spontanäußerungen von mir, die sich in Seminaren und Vortragsveranstaltungen ergaben. Sie sind thematisch sortiert und theoretisch oder literarisch eingeleitet und teilweise ausgeleitet. Unterm Strich haben die angeführten Themenbereiche alle mit dem Umzug in ein anderes Bewußtsein zu tun; das heißt, sie können alle dazu beitragen, unser Ganz- und Ganz-anders-Werden zu fördern.

Zu jedem Thema finden Sie **Integrationsfragen**, die der Selbsterforschung dienen und durch deren Bearbeitung Sie Ihr Ganz- und Heilwerden einleiten und sogar auf den Gipfel treiben können.

Warnen möchte ich Sie auch noch vor dem scheinbar Widersprüchlichen oder ganz selten sogar Unverständlichen, das einigen Momentaussagen anzuhaften scheint. Kommunizieren ist, wie Sie wissen, nicht nur Sache des Schreibens, sondern auch des Aufnehmens. Lassen Sie uns einen Verständigungsraum betreten, der zwar vom Sprachsinn gezeichnet ist und doch durch die Sprache hindurchgeht. Am besten, Sie lesen dieses Buch vorwärts und rückwärts und vor allen Dingen inwärts. Mein Wunsch ist, Sie bei Ihrem Umzug ein wenig zu begleiten.

∞ Die Spontanäußerungen sind im gesamten Buch *kursiv* gedruckt.

Anerkennen, was ist

Solange ich mich selbst in meinem jeweiligen Sosein nicht anerkennen kann, solange grabe ich an der Kluft zwischen mir und mir: der Kluft zwischen dem, was ich gerade bin und dem, was ich meine, sein zu sollen. Deshalb ist es so heilsam zu sein, was und wie ich bin. Entwicklung geht von Seinszustand zu Seinszustand und nicht von Idealbild zu Idealbild.

Wenn

Wenn ich gewußt hätte,
was ich wußte;
wenn ich geglaubt hätte,
was ich glaubte;
wenn ich getan hätte,
was ich tat;
wenn ich geliebt hätte,
was ich liebte;
wenn ich gewesen wäre,
wie ich war,
dann hätte ich gelebt,
was ich lebte.

- ∞ *Was uns am meisten von unseren Zielen trennt, ist der Gedanke, wir hätten sie noch zu erreichen.*
- ∞ *Wenn ich das habe, was ich habe, wachse ich langsam zu mir hin.*
- ∞ *Solange ich nicht zustimme und anerkenne, bin ich fest in einer Schicksalsschiene drin.*
- ∞ *Wenn ich es schaffe, meinen »Feind« anzuerkennen, ist Veränderung möglich: »Es ist so gut, daß du bist, du mein Lackmuspapier.«*

- *Wenn ich nicht anerkenne, habe ich keine Chance rauszukommen.*
- *Jeder Glaube macht uns eng und kampfbereit.*
- *Der andere ist der Vergrößerungsspiegel des eigenen Elends.*
- *Zulassen können, was ist, heißt, wachsam zu sein im Zustand der Nichteinstellung.*
- *Wenn ich bei dem bleibe, was ist – das reicht –, dann bin ich auch in der Gegenwart.*
- *Alles, was ist, hat seinen Sinn, sonst wäre es nicht;* und *wir haben es unbewußt gewählt.*
- *Die wichtigste therapeutische Startrampe heißt, innezuhalten bei dem, was ist.*
- *Da, wo ich gerade bin, kann ich am vollsten leben.*
- *Das einzige, was wir machen dürfen, ist, uns nicht mehr zu vermeiden.*
- *Nichts in uns kann sich ändern, ohne daß wir es akzeptieren.*
- *Akzeptieren heißt dankbar sein.*
- *Im Ja zu mir bin ich an meiner Quelle.*
- *Die einzig sinnvolle Bemühung ist, die Bemühung zu lassen.*
- *Nur wer das niedere Selbst betüddelt, gibt dem höheren Selbst eine Landefläche.*
- *Durch die Zustimmung entfällt der doppelte Krampf.*
- *Der einzige Startpunkt zu sich selbst ist das eigene Leben.*
- *Jedes Verglichenwerden ist eine Beleidigung, ein Nichtschätzen der Eigenart.*
- *Wenn ich das, was an Ungutem ist, überspringe, dann habe ich seinen Kickgewinn verpaßt.*
- *Es geht drum, das zu wollen, was ist. Damit entschärfen wir das Schicksal.*
- *Der Weg in die Realität führt am Unbehagen entlang. Und jedes durchgetragene Unbehagen mündet in Kreativität und Spontaneität.*
- *An meinem Gegenwartsmist erkenne ich, wo ich noch nicht heil und ganz bin.*
- *Es gibt keine Zukunftsprophylaxe.*
- *Die echte Abgrenzung kommt aus dem Ja zu sich selber.*
- *Wenn wir alle real wären, dann wäre die Menschheit erlöst.*

∞ *In der Realität gibt es keine Dramen.*

∞ *Wenn wir real sind, brauchen wir die Ersatzrealität nicht.*

∞ *Es bedarf keiner zusätzlichen Hilfsmittel. Es reicht das, was das Leben sowieso enthält. Nimm's, und es löst sich auf.*

INTEGRATIONSFRAGEN:

- Kann ich mir ganz und gar zustimmen?
- Wo spüre ich Unbehagen?
- Mit welchen konkreten Schritten könnte ich die Situation ändern?

Angst

Die Schreckgespenster, die die neurotische Angst sieht und befürchtet, sind wirklich nur Gespenster; sie sind nicht real. Deshalb ist die Angst in Wirklichkeit ein illusionärer Zementblock, mit dem wir uns einengen, »einängstigen«. Leider ist die Angst ein so starkes Gefühl, daß wir immer wieder auf sie hereinfallen und glauben, sie hätte recht …

Angst

Wie ich mich verdichte,
wie ich mich anklammere,
wie ich mich totlege
in meiner Angst,
weil ich den Raum hinter meiner
Angst nicht fühle.
Nie fühlen durfte
– schon als Kind nicht.
Er ist verbotenes Land,
Sündenland, Minengebiet, Hölle.

Und was, wenn ich die Kraft für die Angst
nicht mehr aufbrächte
und aufbräche
– wie von selbst –
und mich fände im
Wunderland, Erholungsgebiet, Himmel?

∞ *Hinter jeder Angst ist ein großer unbetretener Raum, den ich nie zu betreten wagte. Wenn ich einmal diesen Raum betrete und feststelle, er ist kein Minenfeld, sondern ein Paradies, geschieht Heilung.*

- ∞ *Angst ist letztendlich immer Wille zur Tat.*
- ∞ *Angst vor Liebesverlust ist der erste Garant für ein Leben auf Schmalspur.*
- ∞ *Jede Miesigkeit ist eine Form von Angst.*
- ∞ *Das Nirwana ist am Ende der Angst.*
- ∞ *Alles, was mir Angst macht, das will ich heimlich.*
- ∞ *Angst ist Energie, die nach hinten ausschlägt.*
- ∞ *Angst ist durch beherztes Anspringen zu packen.*
- ∞ *Jede Angst, die ich im Angesicht einer Aktion ausspreche, ist eine Festschreibung.*
- ∞ *Jede Angst hat die Lust aufs Leben in der Hinterhand.*
- ∞ *Wenn wir das machen, wovor wir Angst haben, dann läßt es sich besser atmen.*
- ∞ *Das Leben ist nicht zu fürchten, nur die Haltung dem Leben gegenüber.*
- ∞ *Angst- und Schuldgefühle überwachen den Rückwärtsgang im Leben.*
- ∞ *Die Angst vor der eigenen Energie ist nicht zu unterschätzen – und trotzdem irreal und Kleinkinderkram.*
- ∞ *Angst entsteht immer an der Grenzlinie unserer eigenen Belastbarkeit.*
- ∞ *Wir haben Angst, in den Schmerz zu gehen, weil wir nicht an das Heilsame dahinter glauben.*
- ∞ *Mit jeder Abwehrhaltung wollen wir unsere Ängste in Schach halten. Und: Das Schlimme ist nur schlimm, weil wir durch unsere Angst einen Abstand aufgebaut haben.*
- ∞ *Das Ja-aber kommt immer aus der Angst vor Veränderung. Die Angst sagt, die Veränderung ist lebensgefährlich. Der Kopf sagt, die Veränderung wäre herrlich.*
- ∞ *Angst entsteht, wenn ich den Augenblick verlasse. Wenn ich plane, wenn ich wirklich mein Leben ganz konkret gestalte, geschieht das ohne Emotion – allenfalls Vorfreude. In der dumpf ängstlichen Frage »Was wird wohl?« ist kein Funken Planen drin. Planen ist eine klare Tätigkeit.*

INTEGRATIONSFRAGEN:

- In welchen Situationen verspüre ich Angst?
- Ist das eine Angst, die mich real schützt?
- Wenn es eine Angst ist, die mich nicht real schützt, dann könnte ich mich fragen: »Mit welchem kleinen Schritt könnte ich mich dem Beängstigenden handelnd nähern?«

Anstrengung

Es war einmal ein Fisch, der vergnügt und zufrieden im Meer schwamm. Sein Leben war gemütlich, und er verstand sich gut mit seinen Kollegen. Eines Tages aber passierte etwas Schreckliches: Irgendwie erfuhr er, daß Fische nur im Meer glücklich sein könnten. Und er war ja ein Fisch! Da entstand das Riesenproblem: Wo war das Meer?

Diese Frage ließ ihm keine Ruhe mehr, denn er wollte ja glücklich werden. Also schwamm er von Pontius zu Pilatus und fragte alle, wo das Meer sei. Aber niemand wußte es. Die andern Fische verstanden noch nicht einmal die Frage. Sie waren glücklich in ihrem Element und bemerkten mit Erstaunen, daß jener Sucher allmählich ganz verkniffene Suchaugen bekam und unglücklich wurde. Doch der Suchfisch ließ nicht locker. Keine Anstrengung war ihm zuviel. Und dann hatte er eine Idee. »Ich muß mich hocharbeiten.« »Aha«, dachte er »das Meer ist also oben.« So schwamm er nach oben und immer weiter nach oben. Als er schon recht weit oben war, stieß er auf einen Wurm, den er genüßlich verzehren wollte. Da bohrte sich etwas Spitzes in sein Maul. Plötzlich ruckte es, und er wurde aus dem Wasser gezogen. Das war ein ganz ungutes Gefühl! Und dem Fisch wurde bei dieser traumatischen Erfahrung mit einem Schlage klar, daß er soeben das Meer verlassen hatte.

Anstrengung als Alarmzeichen

Wenn unsere Energie frei fließt, dann spüren wir keine Anstrengung, dann vollzieht sich natürliches Wachstum. Um also natürlich wachsen und uns entfalten zu können, dürfen wir jede Form von Anstrengung an den Nagel hängen. Oder anders herum: Mit jeder Anstrengung blockieren und erschweren wir unseren freien

Energiefluß. Das bedeutet: um ganz, heil und frei zu werden, müßten wir lediglich aufhören, uns anzustrengen. Anstrengung ist Selbstverhinderung und unnatürlich. Alles, womit wir uns verhindern, ist deshalb anstrengend: egal, ob wir die Anstrengung bewußt wahrnehmen oder nicht. Somit ist es zum Beispiel anstrengend, sich konsumversumpft vor der Glotze zu verhindern. Hingegen kann die Treppe anstelle des Fahrstuhls unsere Energie durchaus in Fluß bringen, weshalb ihre Benutzung weniger anstrengend ist, wenn wir die Gleichung »Anstrengungsfreiheit = Energiefluß« annehmen. Basis unseres Anstrengungsterrors ist der Wahn, anders sein zu wollen, als die Natur uns will. Jede Idealbildung, jedes »höhere Streben«, jede verbissene Selbstdisziplin, jedes Muß und jedes Soll sind der Treibstoff der Anstrengung.

∞ *Mißverstanden haben wir immer, wenn es anstrengend wird.*
∞ *Sowie es anstrengend wird, nähern wir uns der Hölle.*
∞ *Man kann nicht kämpfen* und *gewinnen.*
∞ *Alles, was ist, ist das Beste vom Schlechten.*
∞ *Übertreiben ist ein sportliches Gasgeben. Überwindung ist anstrengend.*
∞ *Die übertriebene Rücksichtnahme provoziert die Aggression des andern.*
∞ *Mit jeder Anstrengung, auch der Anstrengung, mich zu verändern, verfestige ich den Status quo.*
∞ *Es gilt, die Anstrengung zu lassen und die Veränderung zuzulassen.*
∞ *Anstrengung ist eine Form der Selbstvergewaltigung.*
∞ *Das Leben funktioniert am besten, wenn wir es in Ruhe lassen.*
∞ *Anstrengung ist alles, was den Energiefluß behindert.*
∞ *Die besten Sachen machen wir mit Leichtigkeit.*
∞ *Mit Anstrengung erreiche ich nie ein Ziel.*
∞ *Die Anstrengung des Verstehenwollens schließt das Hirn. Das leichteste Verstehen geht ohne Anstrengung.*
∞ *Alles, was ich »um zu« mache, taugt nichts.*
∞ *Anstrengung nutzt uns ab.*

- *Zuviel und falsches Arbeiten ist körperliches und seelisches Verschmutzen.*
- *Mit jedem Anspruch versauen wir uns den Zugang zum Leben.*
- *Wer übt, will weder haben noch sein.*
- *Die Anstrengung, etwas anders zu machen, ist um so größer, je geringer das Zulassen des vorgängigen Affektes war.*
- *Holzwege erkennen wir an der Anstrengung.*
- *Durch Anstrengung kommen wir von der goldenen Mitte ab.*
- *In dem Moment, wo es anstrengend wird, stimmt was nicht. Wenn's leicht wird, liegen wir richtig.*
- *Das Zielen auf das Ergebnis vereitelt den Augenblick; der Augenblick ist Voraussetzung für das Gelingen.*
- *Im Streß geht die Gegenwart verloren.*
- *Hinter jedem Beweisen steckt indirekt der Wunsch, andere ausstechen zu wollen.*
- *Am Folgeleid erkennen wir den seelischen Klimmzug.*
- *Normal ist: ohne zu kämpfen, wir selbst zu sein. Wer gut niederkämpft, hält besser aus und verpaßt sich.*
- *Die Kunst ist, die Anstrengung zu lassen. Jede Anstrengung ist eine Art Raubbau an den eigenen Kräften. Keine Blume strengt sich an!*
- *An der Anstrengung erkennen wir unsere Begrenztheit. Wenn ich meine Begrenztheit erkenne, dann ist bereits damit die Tür zu meiner Unbegrenztheit geöffnet.*
- *Immer, wenn Kampf aufkommt, heißt das auch, ich war nicht wirklich mutig. Im Kampf bin ich in der Kindrolle.*
- *Die Anstrengung geht in das Bemühen, einen wissenschaftlichen Zustand beizubehalten, anstatt hummellike abzufliegen.*
- *Was immer mein Problem, ich frage mich, welchen heimlichen »Gewinn« oder »Vorteil« es mir bringt. Diesen Gewinn oder Vorteil erlaube ich mir dann anders. Es geht also darum, mir das gratis zu geben, was ich mir über mein Problem ertrotzen wollte. Mein Wille geschehe, das ist die Devise.*
- *Alles, was den Charakter von Neujahrsvorsätzen hat, ist einzustampfen.*
- *Die Anstrengung ist immer im Dienste der Sackgasse.*
- *Wenn wir anfangen zu kämpfen, haben wir den richtigen Augenblick schon verpaßt.*

∞ *Wer kämpft, will noch eine Erlaubnis vom anderen.*
∞ *Solange ich die Anerkennung nicht bekomme, rödele ich weiter.*
∞ *Alle Lösungen und Ziele, die ich anstrebe, sind eine Belastung – mit einer Ausnahme: nämlich dem Ziel und der Lösung, keine Ziele und Lösungen mehr anzustreben.*
∞ *Der Drang, sich beweisen zu wollen, zeugt von mangelnder Selbstakzeptanz.*
∞ *Aufhören zu* machen, *damit was geschieht!*

INTEGRATIONSFRAGEN:

- Was strengt mich an?
- Könnte ich diese Tätigkeiten
  - * an andere delegieren,
  - * überhaupt weglassen,
  - * durch mir gemäßere Tätigkeiten ersetzen?
- Wann war ich besonders erfolgreich, ohne mich angestrengt zu haben?
- Wie könnte ich diesen anstrengungsfreien und zu Erfolg führenden Verhaltensweisen mehr Raum in meinem Leben geben?

Turmel

er taumelte im traum
und türmte träume
auf zu türmen,
die ihn trugen
traumtürme
turmträume
turmelten ihn höher, weiter lichter
als die tiefe, enge, dichte
Wirklichkeit
–
Verträumelt!

Seelenspagat: lt. Duden eine dem Menschen vorbehaltene Sportart, die nur derjenige mit Erfolg ausüben kann, der sich ihr schon von ganz klein an gewidmet hat. Bänder, die unter normalen Umständen längst hätten reißen müssen, werden beim Seelenspagat derart überdehnt, daß eine kunstvoll anmutende zwischenmenschliche Performanz dem Übenden möglich ist.

Wer immer nur die Treppe benutzt,
erfährt nicht die Qualität der Luft.

Behinderung

Ab-Ver-Weggabe

Mich behindert,
daß ich meinen Platz nicht voll einnehme,
weil und solange ich für dich mitdenke, -fühle, -lebe.
Mich behindert alles,
was sich meinem Willen widersetzt,
weil und solange er gegen das Ganze geht.
Mich behindert
meine Abhängigkeit von deiner Liebe,
weil und solange ich selbst noch nicht ganz bin.
Mich behindern
Vergänglichkeit und Sterblichkeit,
weil und solange ich sie für letzte Wahrheit halte.
Mich behindert alles,
was ich zeigen und beweisen muß,
weil es mich trennt.
Mich behindert
jeder Gedanke,
der vom Moment ablenkt.
Überhaupt behindert mich jedes Anhaften
an Vergangenem, an Gewohntem, an Meinungen,
weil die Zeit nicht rückwärts fließt,
und weil sich die Natur nicht künstlich einrichtet.

Wenn ich den Mut hätte,
wirklich voll und ganz zu tun,
was ich tue, während ich's tue
– und sonst nichts –,
dann wäre ich nicht behindert.

∞ *Unsere Hauptbehinderung ist, daß wir nicht behindert sein wollen.*
∞ *Wir brauchen die Besessenheit, um unsere Behinderung zu spüren.*
∞ *Das Ego ist aus Behinderungen gebaut.*
∞ *Illusionen sind Behinderungen.*
∞ *Alles, was wir kraftaktmäßig machen wollen, ist eine Behinderung des natürlichen Flusses.*
∞ *Die Erfahrung der eigenen Behinderung ist die Rennbahn zur Freiheit.*
∞ *Rücksichtnahme ist eine Behinderung.*
∞ *Jede Behinderung will mir vermeintlich das Leben erleichtern. Diese Erleichterung könnte ich auch gratis haben, ohne den Umweg über die Behinderung.*
∞ *Die Vergangenheit ist die in unserem Kopf eingebaute Behinderung.*
∞ *Normen sind nicht schlimm – nur der starre Glaube an sie behindert.*
∞ *Jede Erklärung ist eine Behinderung, wenn ich nicht den nächsten Schritt tue.*
∞ *Wer durch den Kopf der anderen denkt, ist geistig schwerstbehindert.*
∞ *Wer nicht liebt, ist behindert.*
∞ *Höflichkeit und Anstand sind eine Behinderung und Zeitverschwendung.*

INTEGRATIONSFRAGEN:
- Wie behindere ich mich?
- Durch wen oder was lasse ich mich behindern?
- Mit welchen Gedanken oder Wertvorstellungen schränke ich mich ein?
- Wann gedenke ich, aus diesen Behinderungen auszusteigen?

Bei-sich-Sein

Wer wirklich bei sich ist, ist hindurchgetaucht durch alles Beiläufige und ist zugleich verbunden mit allem, was ist.

Namenlos

Ohne Stellung, ohne Status, ohne Beruf,
ohne Alter, ohne Geschlecht, ohne Adresse,
ohne dies und ohne das,
ganz ohne Merkmal
nur noch,
daß ich bin
mir zum
Merk-mal

- *Da, wo Vergleichen wegfällt, hören Kampf und Konkurrenz auf.*
- *Wer bei sich selbst ist, muß nichts mehr beweisen.*
- *Habe Ziele, als hättest du keine.*
- *Meditation geschieht jeden Augenblick.*
- *Im Dankbarsein erhalten wir uns das Wunder.*
- *Wer mit sich selber synchron läuft, läuft mit dem ganzen Kosmos synchron.*
- *Wer sich ganz hat, kommt gar nicht umhin, andere zu haben.*
- *Wenn ich das Wünschen lerne, komme ich ein Stück zu mir.*
- *Die Kunst ist nicht, sich abzugrenzen, sondern sich treu zu bleiben.*
- *Alles, was ich mit mir beschließe, wird Wirklichkeit. Alle Zweifel, alle Skepsis kommen immer aus dem Verstand. Glauben kann ich nur dem Gefühl.*
- *Der schnellste Hingleiter zu sich selbst ist die eigene innere Stimme.*
- *Spontanes Handeln kommt immer aus dem Ganzen.*

- *Abgrenzen ist dann stimmig, wenn ich im Abgrenzen auf mich selbst Rücksicht nehme.*
- *Abgrenzen ist dann nicht stimmig, wenn ich mich ausgrenze. Abgrenzen ist ein punktuelles Nein, Ausgrenzen ein generelles.*
- *Meditation ist real werden. Wenn ich mich in der Meditation mir selbst stelle, dann ist sie heilsam.*
- *Eigensinn kommt aus dem Geistesblitz. Ein Genie ohne Eigensinn ist undenkbar.*
- *Wachstum, ohne bei sich zu sein, ist nicht möglich.*
- *Wenn ich zu mir stehe, wie ich im Moment bin, dann setze ich Wachstum in eine für mich gute Richtung in Bewegung.*
- *Gemütlichkeit heißt, ich bin im Einklang mit mir; das heißt nicht immer Plüschsofa.*
- *Nur wenn wir wirklich bei uns sind, haben wir Energie für den anderen.*
- *Wenn ich authentisch bin, staue ich nichts an.*
- *Zufriedenheit ist, wenn wir wollen, was wir haben.*
- *Je mehr wir im Herzen verstehen, um so weniger Kampf gibt es.*
- *Wenn du dich sauwohl fühlst, besteht kein Problem.*
- *Sprechen und Kommentieren zerstören die Empfindung.*
- *Wir können uns nur ausdrücken, wenn wir bei uns sind, sonst haben wir nichts zum Ausdrücken.*
- *Innere Sicherheit ist Unerschütterlichkeit im Angesicht des sich stets verändernden Lebens.*
- *You don't do meditation – you are meditation.*
- *Andere lieben ist immer eine Nebenwirkung vom Bei-sich-Sein.*
- *Wer bei sich ist, der lebt im großen Vertrauen und braucht keine Kontrolle mehr.*
- *Im Fühlen kann man keine Fehler machen.*
- *Im Zweifel und Mißtrauen überspringe ich mich. Im Vertrauen gebe ich mir einen Bonus.*
- *Zu-sich-Stehen ist auch schöne Klarheit für andere.*
- *Es ist gut, sich selbst zu danken – wem denn sonst?*

Integrationsfragen:

- Spüre ich mich?
- Was fühle ich in mir und über mich, wenn ich ganz still bin?
- Was sagt mir *meine* innere Stimme, wenn ich keine Rücksicht auf andere nehme?
- Wann fange ich an, ihr zu folgen?

Amen

Der Wind, der verrückte Wind
schreibt meine Träume auf Blätter
und weht sie in deinen Schoß.

Bei Sturm ist es leichter, an Wunder zu glauben,
sich fortreißen zu lassen und
den Blättern nachzujagen.

Zuletzt sogar Leben zu wagen:
Sich zu den Blättern legen
und
nichts
mehr
wollen
müssen.

Beleidigtsein

Jedes Beleidigtsein ist vom Rückzug gekennzeichnet. Rückzug, weil der andere mir nicht gerecht geworden ist. In der Einzelhaft des Beleidigtseins warte ich im Grunde darauf, daß der gemeine andere nun endlich alles wiedergutmacht, einen Ausgleich für die angerichtete Verletzung serviert. Und je nach Ausmaß meines Beleidigtseins werde ich den Ausgleich, falls er überhaupt angeboten wird, annehmen oder triumphal abweisen. Im Abweisungsfall bleibe ich weiterhin in der Einzelhaft und warte auf ein weiteres, größeres Ausgleichsangebot. Im außerordentlichen Pechsfall ist mein »Kontrahent« so überfordert, daß er kein Reparationsangebot mehr macht. Dann schweiße ich mich schlimmstenfalls im Beleidigtsein ein – so die Bitterkeit im Alter gründlich vorbereitend.

Deutlich erkennbar ist, wie sehr die Beleidigten in der Abhängigkeit verharren, weil sie auf »Wiedergutmachung« angewiesen sind. Die zur Lösung ihres Dilemmas beitragende Frage ist: Welche ursprüngliche Verletzung verbirgt sich hinter dem jeweils aktuellen Beleidigtsein und schreit danach, wiedergutgemacht zu werden? Urauslösend ist in der Regel eine irgendwie geartete Zurücksetzung, die ich dann immer wieder aufleben lasse, indem ich mich selbst im beleidigten Rückzug zurücksetze. Aus der ursprünglichen Fremdrücksetzung wird eine Eigenrücksetzung, die gleichermaßen verletzt. Solange die Beleidigten nicht die Verantwortung für ihre Wiedereingliederung unter die freudig Lebenden übernehmen, werden sie ewig darauf warten, daß jemand kommt, um ihre Zellentür von außen zu öffnen.

∞ *Der beleidigte Rückzug ist der getarnte Obersauger (gemeint ist: Energie-, Sympathie- etc. sauger).*

∞ *Der Märtyrergewinn macht jedes Leiden süß.*

- ∞ *Beleidigtsein ist immer eine Form von seelischer Abtreibung.*
- ∞ *Beleidigtsein verpaßt dem anderen ein Schuldgefühl.*
- ∞ *Beleidigtsein kennzeichnet, daß etwas nicht voll ausgesprochen wurde.*
- ∞ *Das Gefühl, moralisch überlegen zu sein, ist die Glücksluftblase des Beleidigten.*
- ∞ *Die beleidigte Fresse des anderen trifft uns nur, wenn wir dieselben Wertmaßstäbe und Normen haben.*
- ∞ *Im Schatten der Beleidigung ist die Aggression.*
- ∞ *Beleidigtsein ist nach innen schießender Haß, implodierender Haß. Im Haß attackiere ich den anderen, im Beleidigtsein mich selbst wegen des anderen. Im Beleidigtsein schrumpfe ich mich ein. Beleidigtsein heißt, in der Riesenschrumpfe zu sein.*
- ∞ *Wie komme ich in die Riesenschrumpfe? Alle Äußerungen einstellen, nicht mehr sprechen, keinen Blickkontakt mehr aufnehmen, sich zurückziehen, aber so, daß der andere das wenigstens sieht, sonst ist es wirkungslos. Man setzt das Beleidigtsein als Waffe ein. Wenn der andere dann weggeht, kann man sofort damit aufhören, dann macht man es sich wieder schön…*
- ∞ *Wenn in einer Beziehung einer von beiden zur Schrumpfe neigt, ist es gut, in einer nicht beleidigten Situation darüber zu sprechen und den, der nicht beleidigt ist, zu bitten, auf den Beleidigten zuzugehen.*
- ∞ *Der Beleidigte will im Grunde nicht zurückgesetzt werden, er will aus seinem Zustand rausgeholt werden. Wenn du auf den Beleidigten zugehst, mußt du damit rechnen, daß er seinen Rückzug verschärft, dir gleichsam noch mal in die Fresse schlägt, weil er nicht glaubt, daß du ihn wirklich rausholen willst.*
- ∞ *Das Heilsame ist die Erfahrung, daß es mal anders ausgeht als sonst.*
- ∞ *Wer den Mechanismus durchschaut, der kann ja auch wirklich dem anderen gegenüber die Bitte aussprechen: »Wenn ich das nächste Mal abschmolle, geh nicht weg, bleib dran und nimm mich gerade dann in den Arm, gerade dann brauche ich es am meisten.«*

Integrationsfragen:

- **Wer** hat mich beleidigt? **Wie** wurde ich beleidigt? **Was** genau war so beleidigend an der Beleidigung?
- Welchen chronischen Schmerzpunkt hat die Beleidigung getroffen?
- Wie könnte ich die Heilung dieses Schmerzpunktes fördern?

Eifersucht

Was passiert in der Eifersucht? Eifersucht ist ganz klar vom Neid zu unterscheiden: Neidisch bin ich auf Dinge, auf Fähigkeiten, auf Situationen, und eifersüchtig bin ich, wenn etwas anderes mir vorgezogen wird, in der Regel ein anderer Mensch. Ich kann aber auch auf einen Hund eifersüchtig sein, wenn der mir vorgezogen wird. Der Eifersüchtige erlebt in der Eifersucht immer eine Bedrohung seines Selbstwertes, weil er nicht mehr die Nummer eins ist. In dem Moment, in dem jemand anders oder etwas anderes wichtiger wird als ich, werde ich eifersüchtig auf diese andere Person oder Sache. Wenn mein Mann plötzlich nur noch im Fußballverein ist und nie mehr zu Hause, dann kann ich eifersüchtig auf den ganzen Verein sein. Jede Wichtigkeit im Leben der Person, über die ich mein Glück beziehe, reduziert meine eigene Wichtigkeit, und das ist das Drama der Eifersucht. Eifersucht speist sich daraus, daß ich mein Glück von jemand anders habe, daß mein eigenes Glück mir von jemand anders geschenkt werden soll, anstatt daß ich mich selbst um mein eigenes Glück bemühe. Und damit hat der andere mich total in der Hand, und ich habe mich nicht mehr in der Hand. Wenn ich meinen Wert, mein Glück über den andern beziehe, dann habe ich selbst sozusagen die Karte abgegeben. Wenn ich sage: »Nur du kannst mich glücklich machen«, dann sage ich damit unausgesprochenerweise auch: »Nur du kannst mich auch unglücklich machen.« Das heißt, der andere entscheidet über die Qualität meines Lebens, meiner Stimmungen, über die Werthaftigkeit meines Lebens, die Art und Weise meiner Befindlichkeit. Allein die Tatsache, daß ich die Entscheidung über meinen Glückspegel an jemand anders delegiere, heißt, daß ich im Bereich meiner »Glücksförderung« ein Defizit habe, welches ich aber nicht spüre, solange mich der andere tatsächlich glücklich macht oder ich mich mit dem andern glücklich fühle. Aber wehe, er geht in den Fußballverein, dann merke ich, daß ich mein Glück in andere Hände gelegt habe. Fakt ist, in der Eifersucht ist das Glück weg. Fakt ist auch, daß etwas oder jemand anders wichtiger ist als ich.

Wir können unterscheiden zwischen dem nach außen schießenden Eifersüchtigen, der in den Haß geht, und dem nach innen schießenden Eifersüchtigen, der sich selbst noch einmal einen draufgibt. Der erste Typ haßt und verfolgt die andere Person und denkt: »Es liegt nicht an mir, und es liegt auch nicht an der geliebten Person, sondern es liegt an dem Dritten im Bunde, der mir das Glück abbaggert, der meiner geliebten Person nur die Sicht vernebelt. Ich kann nicht wirklich so mies sein.« Die erste Vernebelung ist, daß ich nicht wahrnehme, daß ich mein Glücksmanagement an jemand anders abgegeben habe. Wenn ich eifersüchtig bin und die dritte Person hasse, dann will ich das Nicht-Wahrnehmen auch nicht wahrnehmen. Ich wehre ab, daß ich das Glücksmanagement delegiert habe. Ich sage nicht: »Schön doof, daß ich mich so abgegeben habe«, statt dessen sage ich: »Mein Partner irrt sich in dieser dritten Person, und das macht er, weil diese dritte Person so böse ist. Also brauche ich nur diese dritte Person umzubringen, aus dem Wege zu räumen, und dann wird er nicht mehr von ihr verführt, abgelenkt, in die Irre geführt und besinnt sich wieder auf mich.« So wird die dritte Person zum Sündenbock gemacht oder der Fußballclub als niveaulos verdammt.

Der zweite Typ, der nach innen schießt, sagt: »Der hat aber auch recht, die ist auch viel toller.« Damit verschärft er noch seinen Minderwertigkeitskomplex, der immer hinter der Eifersucht steht. Es gibt also zum einen die Spielart, daß ich voll in den Haß gehe, oder zum andern die Spielart, daß ich voll abkippe mit meinem Selbstwert.

Die Lösung aus dem Eifersuchtsdrama ergibt sich unmittelbar aus der vorausgegangenen Beschreibung des Phänomens, und zwar gilt es, die Verantwortung für das eigene Glück zu übernehmen und es nicht mehr in die Hände von jemand anders zu legen. Und das heißt eben auch, wenn ich in der total beglückenden Beziehung bin, daß ich mich dann bereits kompromißlos für mein Glück im Glück einsetze und mich nicht verleugne und zum Beispiel mit in die Oper gehe, wenn mir das nicht gefällt, sondern statt dessen sage: »Es ist wunderbar mit dir, und bestimmte Bereiche teilen wir, aber jenen Bereich teilen wir nicht.« Ich lasse mich also nicht aus Liebe korrumpieren. In jeder Selbstverleugnung gebe ich mich massivst an den andern ab. Jede Selbstverleugnung ist besonderer Nährboden für Eifersucht. Jeder faule Kompromiß bereitet Eifersucht und Beziehungsdrama vor.

Fragen sind: Was macht mich glücklich, zufrieden? Was macht mir Spaß? Warte ich, daß jetzt Hugo kommt und mich beglückt? Oder weiß ich selbst, das und das und das macht mich glücklich? Dem gehe ich dann nach. Und es ist gut, wenn wir viele Dinge haben, die uns glücklich machen. Wenn nur Hugo mich glücklich macht, dann kann ich direkt mit der Eifersucht anfangen. Denn dann habe ich mein gesamtes Glückspotential an Hugo delegiert. An der Stelle bin ich dann in äußerster Gefahr, zu kompromißbereit zu sein und mit ihm zum Beispiel wider mein Interesse auf den Fußballplatz zu gehen, und dann rede ich mir möglichst noch ein, daß es mich glücklich macht, mit ihm auf dem Fußballplatz zu sein. Das geht aber nur über eine bestimmte Strecke. Unterschwellig baut sich Aggression auf, wenn ich mit Hugo auf dem Fußballplatz bin, wo es mir nicht gefällt. Das spürt Hugo, fühlt sich unwohl und schaut sich nach einer neuen Biene um, die sich begeistert mit ihm auf dem Fußballplatz amüsiert …

∞ *Wer sein Glück in die Hände eines anderen Menschen legt, ist ganz besonders in der Kralle der Eifersucht. Kaum daß der Glücksverwalter zusätzliche Interessen entwickelt, egal in welche Richtung, wird das abgegebene »Glück« gefährdet. Deshalb sind auch die Unselbständigen leichter im Griff der Eifersucht. Die Selbständigen sind meist bereiter, die Verantwortung für das eigene Glück zu übernehmen. Wir erkennen die Unselbständigen am Gehorsam und an der Weigerung, ihren eigenen Gedanken zu trauen.*

∞ *Wenn das Kind dazu benutzt wird, die Wichtigkeit des Partners zu reduzieren, dann wird der Partner eifersüchtig.*

∞ *Wenn Eltern Probleme haben mit einem Kind und dann ein anderes Kind benutzen, um gegen dieses Problemkind anzugehen, dann greifen sie so das Selbstwertgefühl des Problemkindes an. Zum Beispiel, wenn sie sagen: »Guck mal, wie Angelika das schön kann und du nicht.« Angelika wird als Argument benutzt, um das andere Kind niederzumachen. Dadurch erhält Angelika eine andere Wichtigkeit als das Problemkind, und so wird der Nährboden für zukünftige Eifersuchtsdramen bereitet; denn die Keimsituation für Eifersucht lautet: Jemand anders ist wichtiger als ich.*

- ∞ *Der bedrohte, reduzierte Selbstwert verleitet viele, Wert von außen in sich reinpumpen zu lassen. Nach dem Motto: Hugo, wo bist du? Pump mich voll mit Wert und Gold! Ich kann nur leben, solange ich die Wichtigste für dich bin.*
- ∞ *Je mehr ich beim Scheitern einer Beziehung umkippe, desto mehr habe ich mich vorher abgegeben und desto eifersüchtiger bin ich auch.*
- ∞ *Wenn ich nur über deine Augen wichtig bin, dann brauchst du die nur zu schließen, und meine Wichtigkeit sinkt ab. Gute Nacht!*
- ∞ *Je mehr ich auf die Anerkennung von außen angewiesen bin, um so mehr will ich mir Wert von außen wie Benzin reinfüllen lassen, und um so größer die Gefahr, daß ich eifersüchtig bin, weil ich mir von außen hole, was ich innen nicht spüre. Wenn es ganz schlimm ist, lasse ich das Benzin, die Anerkennung, nicht rein und halte den Tankdeckel fest von innen zu. Der Eifersüchtige braucht permanent Liebeserweise, das ist das Benzin.*
- ∞ *Beim Neid sind immer nur zwei Komponenten: ich (1) auf etwas (2). Neid ist direkt und unmittelbar.*
- ∞ *Die Eifersucht entsteht dadurch, daß jemand mein Glück verwaltet. Bei der Eifersucht wird mir etwas genommen, und beim Neid habe ich etwas erst gar nicht.*
- ∞ *Am Neid erkennt man das eigene Defizit.*

INTEGRATIONSFRAGEN:

- Auf wen bin ich eifersüchtig?
- Welche Erwartungen erfüllt die geliebte Person nicht?
- Wie könnte ich die Verantwortung für diese unerfüllten Erwartungen selbst übernehmen?
- Wen könnte ich außer der abtrünnigen Person noch lieben?
- Wann fange ich damit an?

Eltern / Kind

Bei den oft so entsetzlich schwierigen Beziehungen zwischen Eltern und Kindern ist die größte Tragik, daß die ganze Problematik auf einem riesigen Mißverständnis basiert. Wenn unendliche Liebe sich durch Angst- und Schmerzkanäle pressen muß, wird sie verzerrt, und dann beginnt der Teufelskreis, wird das Mißverständnis eröffnet. Oder klarer: dann wird der Teufelskreis fortgesetzt und das Mißverständnis weitergereicht.

Das böse Kind

Es war einmal ein böses Kind namens Arnold, das einen bösen Vater hatte, der auch einen bösen Vater hatte, und der Vater des Vaters hatte ebenfalls einen bösen Vater. So ging das ganz gradlinig von Generation zu Generation. Und das böse Kind nun war so enttäuscht und traurig, weil es so einen bösen Vater hatte, daß es selbst auch böse wurde. Aber dann eines Tages sollte alles ganz anders werden. Als nämlich Arnold 22 Jahre alt war, wurde er selbst Vater, und weil er seinen Sohn so liebte, beschloß er: Ich werde ein guter Vater.

Doch komischerweise fühlte Arnold sich so von seinem Sohn gereizt, daß er ganz böse auf ihn wurde, obwohl er ihn nach wie vor liebte. Arnold schlug seinen geliebten Sohn sogar. Darüber war er sehr unglücklich.

Eines Nachts hatte er einen rettenden Traum: Er sah sich selbst noch mal als Kind, fühlte noch mal, wie er damals als Kind verunsichert war, als sein Vater sich ihm näherte. Und er erlebte, wie seine Verunsicherung seinen Vater reizte und wie der dann böse wurde. Und dann erschien ihm im Traum sein eigener Vater und sprach: »Was dich verunsicherte, war mein Bemühen, ein guter Vater zu sein, denn ich liebte und liebe dich so sehr.«

Als Arnold erwachte, wußte er, daß auch er seinen Vater liebte. Und von dem Tag an spielte er ganz anders mit seinem kleinen Sohn: nicht mehr wie jemand, der sich bemüht, ein guter Vater zu sein, sondern wie jemand, der seinen eigenen Vater liebt.

Und weil die Sippe nicht ausgestorben ist, weiß man, daß alle Nachkommen Arnolds ihre Väter liebten.

∞ *Partnerschaft ist auflösbar. Elternschaft nicht.*
∞ *Wenn ich meine Eltern innerlich annehme, höre ich auf, Kind zu sein.*
∞ *In der Versöhnung werde ich die Eltern los.*
∞ *Mit den Enkeln treibt das alte Elend wieder Blüten.*
∞ *Wir haben den Ärger mit den eigenen Kindern nur, damit wir unseren eigenen Eltern näherrücken können.*
∞ *Wer das Erbe nicht annimmt, lehnt die Eltern ab.*
∞ *1. Problem: Kinder hätten ihre Eltern gerne anders. 2. Problem: Eltern hätten ihre Kinder gerne anders.*
∞ *Abnabeln heißt, die Solidarität aufgeben.*
∞ *Kinder verstehen keine Ironie.*
∞ *Wenn ich die Eltern nicht lasse, wie sie sind, muß ich ihnen nacheifern. Selbst im Trotz eifere ich meinen Eltern nach.*
∞ *Star der Familie zu sein, ist genauso schlimm, wie schwarzes Schaf zu sein.*
∞ *Alle blöden Wünsche der Eltern sind eine Unverschämtheit.*
∞ *Normal ist, die Mutter ist für das Kind da. Bekloppt ist, das Kind ist für die Mutter da. Doppelt bekloppt ist, das Kind ist für die Mutter da und denkt, es habe eine tolle Mutter.*
∞ *Es ist vergeblich, von den Eltern einen Nachschlag zu erwarten. Wir müssen ihn uns schon selbst geben.*
∞ *Es gibt Eltern, da hilft nur noch Auswandern.*
∞ *Wenn wir keine Eltern hätten, wären wir nicht da.*
∞ *Wenn ein Kind nichts im Rücken hat, kann es nicht nach vorne.*
∞ *Um die Eltern aus der Bahn zu schaffen, muß ich sie nehmen. Nicht genommene Eltern sind etwas Unerledigtes.*
∞ *Die eigenen Kinder leben immer das, was wir selbst nicht leben.*

- ∞ *Wann hörte ich auf, Mutter zu sein? Bei meinem siebten Enkelkind.*
- ∞ *Die einzige Art, aus der Kindrolle rauszukommen, ist zu sagen: Okay, es hat gereicht.*
- ∞ *Eltern, die viel von ihren Kindern sprechen, haben wenig Eigenleben und kaum eigene Inhalte.*
- ∞ *Solang wir klein sind, sind unsere Eltern für uns verantwortlich; danach nicht mehr – für nichts mehr: nicht für unser Unglück, nicht für unser Glück. Das Gesetz der Kausalität gilt immer: nicht nur einmal in unserer Kindheit.*
- ∞ *Wenn ich mein Kind anders haben will, dann habe ich schon vorbeigeschossen. Dann ist meine ganze Liebe nicht mehr für das Kind, sondern eine Egoausstülpung.*

Integrationsfragen:

- Hätte ich meine Eltern gerne anders, als sie sind oder waren?
- Wenn ja, ist mir dann auch klar, daß ich mit diesem Anliegen in einer ewigen Wartestation gelandet bin?
- In welcher Hinsicht und wie könnte ich mich um mich selbst kümmern, anstatt auf die Reformation meiner Eltern zu warten?
- Warum fang ich damit nicht an?

Energie

Ich flösse mit meiner Energie,
wenn ich mir nicht im Weg stünde,
ich stünde mir nicht im Weg,
wenn ich dir nichts nachtrüge,
ich trüge dir nichts nach,
wenn ich mir nichts nachtrüge,
ich trüge mir nichts nach,
wenn ich mich so nähme,
wie ich bin.

Also:
Wenn ich bin, wie ich bin,
fließt
meine
Energie …

∞ *Krank werden heißt, ich habe nicht aufgedreht.*
∞ *Wenn Energie fließt, vermehrt sich Energie.*
∞ *Alles, womit ich mich vermeide, zehrt an meiner Energie.*
∞ *Alles, was die Gegenwart verhindert, kostet Energie.*
∞ *30% unserer Energie opfern wir auf dem Altar der Sicherheit.*
∞ *Wir brauchen die meiste Energie zum Abwehren unseres Glücks.*
∞ *Nachdenken ist Energieverschwendung.*
∞ *Jeder Trotz, den wir nach außen richten, ist ein Kampf gegen die eigene Energie.*
∞ *Im Nichteingestehen behindere ich meinen Energiefluß.*
∞ *Alles Nichtgelebte fordert sein Recht.*
∞ *Alles, was ich niederdrücke, muß an anderer Stelle wie Wildwuchs rauswuchern.*
∞ *Krankheit ist gestaute Energie.*

- ∞ *Im Ja zu mir bin ich in meiner Kraft. Mit dem falschen Nein schütte ich mein eigenes Ja mit aus, wie ein Kind mit dem Bade.*
- ∞ *Wesentlich ist alles, was die Energie in Fluß bringt.*
- ∞ *Mit Geduld amputiere ich meine Energie. Die Lösung wäre die besonnene Ungeduld.*
- ∞ *Wenn ich abwarte, dann schläfere ich meine Energie ein.*
- ∞ *Wenn ich in die eigene Richtung gehe, kommt immer mehr Kraft.*
- ∞ *Lieber einen satten Fehler gemacht, als nichts gemacht. Dabei sind wir mehr im Fluß.*
- ∞ *Heimlichkeiten sind Energiekiller. Und wir haben ein Recht auf ein Privatleben.*
- ∞ *Wenn wir keine fließende Energie haben, dann nehmen wir als Ersatzenergie den Stolz.*
- ∞ *Stolz heißt immer: ich bin schon so verletzt, und jetzt darf nichts mehr hinzukommen.*
- ∞ *Kraft ist die Folge, nie die Voraussetzung von Veränderung.*
- ∞ *Die Kraft ist immer da, wo wir sie haben.*
- ∞ *Das Unnatürliche braucht Energie.*
- ∞ *Jeder Schmerz ist ein Leuchtsignal zur eigenen Energie.*
- ∞ *Es kostet uns die meiste Kraft, Kraft zurückzuhalten.*
- ∞ *Zuviel schlafen ist eine Form von Bettlägerigkeit und schwächt.*
- ∞ *In der Macht ist nie Energie. Macht trennt uns, Energie verbindet uns mit uns selbst und mit anderen.*

INTEGRATIONSFRAGEN:

- Bei welchen Unternehmungen bin/war ich besonders in meiner Kraft?
- Könnte ich häufiger solche Aktionen in mein Leben einbauen oder ähnliche?
- Mache ich genug von dem, was mich freut?
- Wann und mit wem bin ich spontan und ausgelassen?
- Könnte ich öfter mit diesen Menschen zusammensein?

Entwicklung

Um 6.00 Uhr aufstehen, Körper stählen, eine ungespritzte Frucht essen, Wasser trinken, für das Wohl der Welt wirken, gute Taten verrichten, Umwelt schützen, alles für die Kinder tun, den Eltern nette Worte schreiben, von allen Süchten schon lange gelassen, sich nie verweigern, alle Erwartungen ahnen und sofort erfüllen. Und natürlich zweimal täglich meditieren, jeweils genau zwanzig Minuten lang; am Abend Rückschau, nochmals Körper stählen. Sowieso immer alle Schmerzen, alle Beleidigungen lächelnd tragen, um dann am Ende des Lebens wiederum Rückschau zu halten, geordnete Verhältnisse zu hinterlassen und in den Himmel zu kommen.
Im Himmel dann erfahren:
»Hier landen alle, die sich nicht entwickelt haben.«

∞ *Wir haben nur eine Chance und zwar: von morgen zu sein. Solange wir von gestern sind, sind wir in der Kollektivneurose.*
∞ *Es geht nicht ums Gewinnen, es geht ums Vorankommen.*
∞ *Entwicklung hat stattgefunden, wenn Autonomie an die Stelle des anerzogenen Gewissens tritt.*
∞ *Entwicklung ist nicht anstrengend.*
∞ *Was einmal festgeschrieben ist, läßt zukünftige Entwicklung aus.*
∞ *Geschützt auf die Gefahr zu. Das ist Entwicklung.*
∞ *Widerhaken im Leben sind Steigbügel für Entwicklung.*
∞ *Das weniger Leichte hat einen höheren Wert im Entwicklungstheater. Aber auch: Die großen Schritte haben den Nachteil, daß wir sie nicht tun.*
∞ *Schuldgefühle als Entwicklungsdünger.*
∞ *Der Sinn des Lebens ist Entwicklung, ob ich will oder nicht.*
∞ *Erst wenn ich die andern mein Leben nicht mehr beherrschen lasse, kann ich meine Entwicklung fördern.*

- ∞ *Wiederholung ist Signal verpaßter Entwicklung.*
- ∞ *Mit jedem Kampf verhindere ich Entwicklung.*
- ∞ *Ich kann mich nicht verändern ohne Veränderung.*
- ∞ *Es gibt keine besseren Abkürzungen als erkannte Fehler.*
- ∞ *Mit der Nährung des Grolls behindere ich die eigene Entwicklung.*
- ∞ *Ich kann nicht voll abstarten, wenn ich woanders noch etwas Unerledigtes habe.*
- ∞ *Im Versuch liegt die Chance zur Veränderung. Im Nicht-Versuch die Gewähr zur Stagnation.*
- ∞ *Sinnvolles Lernen ist oft Verlernen.*

INTEGRATIONSFRAGEN:

- Woran messe ich meine Entwicklung?
  - * am Lob anderer,
  - * am Bankkonto,
  - * an meinen Maßstäben,
  - * an meiner Gesundheit,
  - * an meiner Lebensfreude,
  - * ...?
- Woran möchte ich in Zukunft meine Entwicklung messen?
- Wann beginnt meine Zukunft?

Vor- und Ausläufer der Erleuchtung

Im Benennen und Sprechen über eine Sache wird die Unmittelbarkeit des Erlebens aufgehoben. Wir gleiten sozusagen vom Erleben in den benennenden Verstand. Es entsteht ein Abstand. Die unmittelbar erlebte Welt wird zum benannten Objekt. Durch das Benennen (oder Reflektieren, Analysieren, Urteilen usw.) »entstehen« Subjekt und Objekt. Kaum, daß wir in der Verstandestätigkeit sind, sind wir raus aus dem Einssein und drin in der Dualität. Das Jecke ist nun, daß der Verstand, bedingt durch seine permanente Abständigkeit, eine Sache nie an sich, unmittelbar, total oder absolut erfassen kann, sondern immer nur relativ zum Beispiel in Relation zu anderem. Das Helle ist ihm erkennbar, weil es in Relation zum Dunklen steht, durch den Vergleich mit jenem sich herausschält. Und so mit allem, mit Leid und Freude, Lustigem und Traurigem, Warmem und Kaltem, eben allen Gegensätzen – diese Dualität oder Dialektik gehört zur Verfaßtheit des Verstandes.

Tiere und kleine Kinder, deren Verstand nicht derart ausgebildet ist, erleben und erfahren im unmittelbaren jeweiligen Moment, ohne das Erlebte oder die Welt durch begriffliches Einordnen zu relativieren oder einzuzwängen. Sie sind einfach nicht oder noch nicht bei Verstand. Und wer nicht bei Verstand ist, lebt in der unmittelbaren Gegenwart. Hieraus ist ableitbar, daß unsere Vorstellung von **Zeit** mit dem Wachwerden der Verstandestätigkeit in uns aufsteht. Vergangenheit und Zukunft sind auf einmal da. Die Vergangenheit ist mental konservierter Erinnerungspröll, und die Zukunft ist eine Art vorweggenommenes »Leben«, in das wir zum Beispiel Vergangenheitsstoff oder Träume projizieren. Was uns durch unser Im-Verstand-Sein leider abhanden kommt, ist das Erleben des Augenblicks. (»Werdet wie die Kinder.«) Totale Unmittelbarkeitserfahrungen, Erlebnisse des Einsseins, sogenannte Gipfelerlebnisse schleichen sich beim »normalen« Erwachsenen nur selten am Verstand vorbei. Der »normale« Erwachsene gebärdet sich fast ununterbrochen so, wie Heidegger es beschreibt:

> »Der Mensch hält sich im Gangbaren und Beherrschbaren auch da, wo es das Erste und Letzte gilt. ... Die Ansässigkeit im Gängigen ist aber in sich das Nichtwaltenlassen der Verbergung des Verborgenen.«*

Mit der »Ansässigkeit im Gängigen« meint Heidegger die Ansässigkeit im, wie er es nennt, »gemeinen Verstand«, im Verstricktsein der zweckorientierten Alltagsorganisation. Das Verborgene ist nach Heidegger das Wesen der Wahrheit, das, was sich nicht über den Verstand erfassen läßt: es ist für den Verstand verborgen (= Verbergung des Verborgenen). Das mindeste wäre nun, im Bewußtsein dessen zu leben, *daß* wir das Verborgene unablässig nochmals verbergen, aber sogar dieses Bewußtsein läßt der Verstand nicht walten (= Nichtwaltenlassen der Verbergung des Verborgenen).

Fazit: Wenn wir das Wesen der Wahrheit erfassen wollen, dann müssen wir rein ins unmittelbare, unvermittelte Erleben, rein in den Augenblick und raus aus dem Verstand, der Relativität, der Dualität, dem ewigen Auf-Abstand-Sein. Wenn uns das gelingt, dann sind wir mittendrin in dem, was seit Jahrtausenden als Erleuchtungserlebnis als Unio mystica beschrieben wird. Als Zubringer zu dieser Erfahrung taugt all das, was unsere Verstandesverstricktheit und unser Eingerichtetsein in der Welt lockert; zum Beispiel extremes Lachen, Verliebtheit, leider mitunter auch »ungünstiges« Schicksal.

∞ *Der Umzug im eigenen Bewußtsein ist der einzig interessante Umzug.*

∞ *Es gibt keine Widersprüche, sondern nur Denkfehler.*

---

* Martin Heidegger, *Vom Wesen der Wahrheit* (Frankfurt am Main: Vittorio Klostermann GmbH, 1954), S. 22.

- *Man darf auf dem Altar des inneren Kindes seinen Verstand opfern. Es jubelt dann.*
- *Ich* bin *das, was ich erkenne: Echte mystische Erfahrung ist, das zu* sein, *was ich erkenne.*
- *Echte mystische Erfahrung heißt, ich bin von nichts getrennt.*
- *Das einzige, was es zu erreichen gilt, ist, sich selbst zu erreichen.*
- *Immer, wenn ich dankbar bin, lockert sich die Verstricktheit ins Leben.*
- *Solange wir auf der Suche sind, kann »es« nicht kommen.*
- *Jeder Mensch ist total glücklich und erleuchtet. Nur merkt er's nicht. Alles ist immer da.*
- *Im richtigen Nichtsuchen hat es einen schon gefunden.*
- *Die volle Ruhe ist die Vorstufe zur Erleuchtung.*
- *Im Abwehrrödel verhindere ich die Todesruhe.*
- *Ich treffe nur gut, wenn ich nicht mehr ziele.*
- *In dem Moment, in dem ich in der Gegenwart bin, habe ich alle Schicksalsschienen verlassen.*
- *Im Nichtstun schaffe ich das meiste.*
- *Ein Meister ist jemand, den wir ohne Machtkampf lieben, bei dem wir uns nicht verlieren, sondern zu uns kommen.*
- *Im »Entwegtsein« ist kein Weg mehr nötig.*
- *Bewußtseinserweiterung ist dann positiv, wenn sie im Einklang mit der Realität ist, sonst drifte ich spleenig ab.*
- *Wenn ich im Fluß bin, dann leitet der richtige Augenblick.*
- *Durch ein Leben in der Gegenwart betreibe ich Vergangenheitsprophylaxe.*
- *Real werden heißt, aus* jeder *Rollenhypnotisierung rausgehen.*
- *Wenn wir alle Gründe und Erklärungen für unser Sosein und alle Meinungen und Vorstellungen über uns aufgeben, dann ist Erleuchtung unvermeidbar.*
- *Alles sein und mit nichts identifiziert sein – das ist Glückseligkeit.*
- *Erleuchtung ist der kürzeste Weg, ist so kurz, daß »Weg« schon das falsche Wort ist. Erleuchtung bedeutet zu erkennen, was ist, was zum Beispiel* jetzt *bei dir ist und dahinter zu gewahren, was immer schon war. Sonst nichts.*

- ∞ *Je mehr ich im Ego hänge, desto weiter bin ich vom Gipfelbewußtsein weg. Hierbei wichtig: Es geht nicht darum, ein guter Mensch zu werden; es geht darum, ein heiler Mensch zu werden. Wenn ich ganz bin, bin ich automatisch gut.*
- ∞ *Auf dem Weg zur Erleuchtung zieht niemals der Vorsatz, sondern immer nur die Sehnsucht.*

Integrationsfragen:

- Gehört es zu meinen Denkmöglichkeiten, daß »höhere« Bewußtseinszustände – genannt Erleuchtung – überhaupt existieren?
  - Wenn nein: Warum nicht? Inwiefern kommt mir ein solcher Zustand suspekt vor?
  - Wenn ja: Halte ich die Erleuchtung für was Stinknormales, das jedem zugänglich ist, oder für etwas, das nur wenigen vorbehalten ist?
- Weiß ich, daß ich vielleicht längst erleuchtet bin, ohne es zu merken?

Drei wollen wissen, was Erleuchtung ist und gehen zum Meister. Fragt der erste: »Meister, was ist Erleuchtung?« Antwortet der: »Nichts besonderes mehr.« Denkt sich der erste, dann lohnt sich's wohl nicht. Ist nicht mehr so besonders wie früher. Er geht gelangweilt nach Hause. Dann später nähert sich die zweite und will's auch wissen und fragt ebenfalls: »Was ist Erleuchtung?« Sie erhält folgende Antwort: »Nichts besonderes mehr.« »Aha«, denkt sie sich, »wenn's in der Erleuchtung nichts besonderes mehr gibt, dann gibt's da wohl auch keine Ablenkung mehr. Ich muß also ruhig werden und ohne Ablenkung sein«, denkt sie weiter. Sie geht und setzt sich in die Stille – irgendwann ist sie eingeschlafen. Noch später geht die dritte zum Meister und will's auch wissen: »Meister, was ist Erleuchtung?« Und der Meister antwortet ihr: »Nichts besonderes mehr.« Schlagartig realisiert sie, daß das ihr lebendigster und zugleich stillster Normalzustand ist. Sie bleibt beim Meister – nämlich beim Augenblick, in dem sie sowieso gerade ist.

Sich suchen

Auf der Suche nach mir selbst
verliere ich mich,
indem ich mich
zum Objekt meiner Gedanken mache
zum Ergebnis meiner Vergangenheit
zum Inbegriff meiner Gefühle
zum Ziel meiner Wünsche und Vorstellungen

anstatt

zu mir zu kommen,
indem ich mich einfach
nach innen erinnere.

Sich finden

Suchen

im Zwischen-Raum
in der Zwischen-Zeit

Finden

Erziehung

Bei jedem Erziehungsakt hat einer eine Vorstellung, wie der andere sein sollte, und in Entsprechung zu diesem Bild soll dann der andere gezogen werden. Erziehung ist der Versuch, jemanden einem vorgefertigten Bild gleichzumachen. Das können allgemeine Bilder sein, Wertvorstellungen, Maßstäbe und Normen oder Privatvorstellungen. Wenn sich die Vorstellungen und Normen aus den Lebensgesetzen und nicht aus den gesellschaftlichen Normen oder Privatmacken und Schmerzen des einzelnen ergeben, kann die Erziehung sinnvoll sein.

Wer wird erzogen? Es sind vornehmlich die Kinder, die Partner und die Eltern. Es ist immer das gleiche: die Eltern entsprechen nicht, die Kinder entsprechen nicht, die Partner entsprechen nicht und *sollen* aber entsprechen. Zum Beispiel: Wenn ich den absoluten Ordnungsfimmel hätte, könnte mich ein Fussel auf dem Teppich bereits in ein tiefes Chaos werfen. Wenn ich nun in einer solchen Not bin, »muß« ich natürlich meine Kinder und Partner zur absoluten Ordnung erziehen. Erziehung ist immer ein Schuß vorbei an der eigenen Not. Diese Art von Erziehung ist schädlich, weil sie erreichen möchte, daß noch mehr Menschen als nur der mit der Not sich dieser Not unterwerfen.

Macht Lob abhängig? Der unselbständige Mensch, der nicht für sich selbst steht, braucht Anleitung, und natürlich ist es ihm lieber, wenn er positiv verstärkt wird, anstatt negativ zurechtgestutzt zu werden. Ich kann jemanden von hinten drücken oder von vorne ziehen. Von hinten drücken ist eine Art Drängen und Sagen »sei doch« und »mach doch«. Von vorne ziehen ist, wenn ich lobe. Es ist jedesmal vorbei am Selbststehen. Wer also abhängig ist vom Lob, ist genauso unselbständig wie derjenige, der so handlungsimpotent ist, daß er krasse Direktiven braucht.

Wichtig ist, Kindern ein gutes Feedback zu geben. Zum Beispiel, wenn ein Kind ein Bild gemalt hat, könnte ich lediglich sagen: »Oh, ist das schön.« Dann weiß das Kind nichts über sein Bild, außer, daß es Wohlgefallen ausgelöst hat. Ein Kind lernt etwas, wenn ich zum Beispiel ganz gezielt auf sein Bild eingehe und etwa sage: »Diese Farbkombination finde ich ganz toll, das paßt gut zusammen. Und wie es sich hier nach oben öffnet, das gefällt mir, weil dadurch der Eindruck von Weite entsteht usw.« So erfährt das Kind etwas über sein Bild und fühlt sich vor allen Dingen genau wahrgenommen, sein Sinn für Details und seine eigene Beobachtungsgabe werden geschärft. Sein Bild war außerdem kommunikationsauslösend. All diese Erfahrungen fließen u. a. in zukünftige Bilder ein, seine Motivation ist erhöht, weil es etwas gelernt hat. Sonst tappt das Kind im dunkeln, malt vor sich hin, hoffend, daß es wieder Wohlgefallen erntet. Deshalb ist es wichtig bei der Kindererziehung, egal was das Kind tut, ganz genau Feedback zu geben, auch über das, was einem vielleicht nicht so gefällt, und auch das zu begründen, und zwar auf eine Art, die das Kind verstehen kann. Es geht also um folgendes: kein doofes Loben, sondern ein klares Feedback; Loben und Tadeln grundsätzlich streichen und durch klares, sachlich nachvollziehbares Feedback ersetzen, damit kann ein Kind etwas anfangen. Knallt man dem Kind ein Verbot vor den Latz, so kann es damit genauso wenig anfangen wie mit einem pauschalen, unklaren Lob, weil es keinen Anpack kriegt.

Es gibt ein Alter, in dem Kinder von einer großen motorischen Unruhe beleibt sind, und wenn wir ihnen nur das Nein reinschmettern, werden sie nur frustriert, weil sie keine Alternative haben. Wir müssen den Kindern eine Alternative geben. Das Kind weiß nur, ich muß mich austoben. Je mehr Reaktion ich bei der Mutter oder beim Vater rauslocke, um so zufriedener bin ich. Wir müssen davon ausgehen, daß Kinder noch Kinder sind und noch keine Erwachsenen, die sich locker selbst die Alternative ausdenken. Kinder erziehen wir am besten mit Begeisterung und mit Angebot anstatt mit Verbot. Das macht die Kinder reich, lebendig und flexibel. Das Kind lernt, es gibt Alternativen, und das fördert zudem noch seine Intelligenz. Wenn wir den Kindern Angebote machen, wie sie sich auspowern können, dann brauchen sie nicht mehr so im Essen rumzuhauen. Nicht versuchen, eine gute

Mutter oder ein guter Vater zu werden! Wenn ich von meiner Kraft 40 % ins Angebot stecke, dann spare ich 60 % für Wischen und Aufregen.

Ein Kind muß das Gefühl von Kontinuität haben. *Wer* dieses kontinuierliche Versorgen übernimmt, ist nicht so wichtig. Wechselnde Bezugspersonen machen das Kind flexibel, es lernt, sich auf mehrere Menschen einzustellen. Die Natur hat das gut eingerichtet: Das Stillen übernehmen Mutter oder Amme; damit ist die Bezugsperson eine längere Zeit konstant. Wenn die Stillzeit vorbei ist, ist auch dieses Unbedingt-eine-Bezugsperson-haben-Müssen vorbei. Wir brauchen uns nur an den Fahrplan der Natur zu halten.

- ∞ *»Wie lege ich meine Erziehung ab?«, das ist im Grunde die Frage, die sich jeder Erwachsene stellen muß. Wenn ich es schaffe, meine Erziehung abzulegen, dann entdecke ich* mich *jenseits von Erziehung. Hinter der Erziehung komme ich zu mir.*
- ∞ *Erziehen heißt, ich gehe mit der Verantwortung in dem Maße zurück, in dem das Kind älter wird.*
- ∞ *Wenn wir anfangen, andere zu erziehen, haben wir schon ein Füßchen im Projektionstheater.*
- ∞ *Die Erziehungsarbeit ist reine Energieverschwendung und daher zu beenden.*
- ∞ *Ich fange immer da an zu erziehen, wo ich mir selbst was nicht erlaube.*
- ∞ *Indem ich aufhöre, meine Eltern zu erziehen, kann ich sie nehmen, wie sie sind.*
- ∞ *Alle Erziehung ist eitel.*
- ∞ *Nur der erziehungsmäßig amputierte Mensch wird gemeingefährlich.*
- ∞ *Solange ich den anderen verändern und verbessern möchte, verwehre ich mir den Zugang zur wichtigsten kommunikationsfördernden Startrampe. Die Startrampe lautet: Innehalten bei dem, was ist.*
- ∞ *Wenn du die Ersterziehende wärest, dann träfe dich die volle Schuld. Du stehst aber in einer Generationskette und kannst daher aufatmen.*

∞ *Durch Selbsterziehung wird in der eigenen Psyche eine Kampf- und Krampflinie errichtet.*
∞ *Die Selbsterziehung gehört auf den Scheiterhaufen.*
∞ *Je gereizter die Mutter, desto widerborstiger das Kind.*

INTEGRATIONSFRAGEN:

- Wen erziehe ich?
  * andere?
  * mich?
- Wie erfolgreich bin ich?
- Entspricht der Energieeinsatz dem Ergebnis?
- Was könnte ich statt dessen machen?

Hildegard kommt aus wohlgeordneten Verhältnissen, hatte eine sichere Kindheit und war umhegtes Einzelkind. Ihr Vater, ein sehr pflichtbewußter Herr, war Beamter, und ihre Mutter war Mutter. Ihre Eltern freuten sich an Hildegard, ihrem Sonnenscheinchen, und waren bemüht, einen anständigen Menschen aus ihr zu machen. So lenkten sie ihr Kind in ehrbare Bahnen, verbargen die böse Welt vor ihr und erlaubten ihr nur die biedere, reine, feine Kleinstadtwelt, die von Lust und Laster nicht viel gesehen hatte. Diese erlaubte Welt war sehr angesehen und eben sehr sicher und sehr langweilig und sehr unlebendig. Als Hildegard dann an Trotzphasen und Pubertät vorbei zu einer jungen, braven Frau herangewachsen war, war sie von Grund auf wohlerzogen.

Es wird erzählt, sie habe ein sehr schweres Leben gehabt, was erstaunlich ist, wenn man bedenkt, wie wohlbehütet ihre Kindheit war, und noch dazu ihre Wohlerzogenheit berücksichtigt. Oder ist es gerade nicht erstaunlich?

Festhalten / Loslassen

Kein Unterschied zwischen Haben und Loslassen

Ein Gefühl, einen Schmerz, eine Verhaltensweise wirklich zu haben, bedeutet zunächst, einfach innezuhalten bei dem, was ist. So als machte ich eine Pause bei mir selbst, zu Gast bei meinem ungeschminkten Sosein. Ich schaue genau an, was ist und lasse meinen Wunsch, dieses Sosein möge anders sein, außen vor. Für eine Weile bleibe ich bei mir, so wie ich gerade bin: ohne Urteile zu fällen, ohne Veränderungen forcieren zu wollen. Durch dieses Innehalten hören Kampf und Anstrengung auf, die im Nicht-akzeptieren-Können meines Soseins liegen. Und das bedeutet, dadurch, daß ich bei mir bin, daß ich mich habe – gerade dadurch lasse ich mich los; es ist, als versöhnte ich mich mit mir in einer anstrengungsfreien Zone: im wirklichen Mich-Haben kann ich jedes Idealbild von mir, jede Vorstellung über mich, jeden Kampf gegen mich loslassen. Ich will mich, wie ich bin. Ich habe mich, wie ich bin – und genau dadurch habe ich mich losgelassen. Echtes Loslassen geschieht also im voll umfassenden Haben. Sobald ich von mir fordere, dies und das loszulassen, ist die Anstrengung bereits wieder auf dem Plan und damit echtes Loslassen verunmöglicht. Diese Art von Pseudoloslassen ist nur eine Spielart des allgemeinen Psychostresses, weil sie nicht Nebenwirkung echten Habens ist.

∞ *Im Nichts-mehr-Halten alles haben.*
∞ *Loslassen heißt, die merkwürdige Art unseres Festhaltens zu merken.*
∞ *Loslassen ist immer eine Nebenwirkung und kein Ziel.*
∞ *Loslassen geht immer ohne Kampf und Krampf.*
∞ *Im Kampf gegen Unglück wird Glück verdrängt. Unglück, das*

ich vor mir selbst nicht verheimliche, kann ich loslassen. Denn nur, was ich bewußt habe, kann ich loslassen. Das gilt für alles.

∞ *Mut hat nur, wer bereit ist, seine Vergangenheit loszulassen.*

∞ *Loslassen heißt immer, sich aussöhnen. Jedes andere »Loslassen« ist gewaltsam.*

∞ *Loslassen heißt anstrengungsfrei sein. Was ich mit Bemühung loslasse, das halte ich heimlich immer fest.*

∞ *Festhalten ist immer das Vereiteln von Veränderung.*

∞ *Die Armut ist im Geiste und nicht auf dem Konto.*

∞ *Wenn ich nicht habe, kann ich nicht loslassen; ich kann mich nur drumherumkrampfen.*

INTEGRATIONSFRAGEN:

- Woran halte ich fest (Dinge, Vorstellungen, Menschen)?
- Welchen realen oder irrealen Gewinn bringt mir das ein?
- Wodurch und wie könnte ich diesen irrealen Gewinn ersetzen?

Freiheit / Befreiung

Vordergründig betrachtet, wird Freiheit oft als Entscheidungs- oder Handlungsfreiheit definiert – eben dieses oder jenes tun oder auch lassen zu können, so wie wir wollen. Da entsteht sofort die Frage, wie frei unser Wollen selbst ist: will ich wirklich, was ich zu wollen vermeine? Welche Motive, Werte, Sicherheits- und Zwangserwägungen bewegen meinen Willen? Steckt hinter meiner vermeintlichen Handlungsfreiheit wirklich eine Willensfreiheit? Wenn wir unsere Entscheidungsprozesse genau analysieren oder noch enttäuschender unsere Handlungen, die wir »einfach so«, also präreflektiv vollführen, dann müssen wir in der Regel mit Bedauern feststellen, daß da kein Fünkchen echter Freiheit mehr drin ist. Und mit echter Freiheit meine ich hier eine Freiheit, die bedingungslos aus der Unmittelbarkeit unseres Seins kommt. Eine Freiheit also, die von einem unendlichen Freiheitsgefühl begleitet ist und nicht nur die Wahl einer gewissen Vorliebe ist. Immer wieder können wir uns dabei ertappen, daß wir irgendwelche Bedingungen stellen, deren Erfüllung dann Freiheit gewährleisten soll. Zum Beispiel, frei bin ich erst, wenn ich reich bin, wenn ich verheiratet bin, wenn ich geschieden bin, wenn die Kinder aus dem Haus sind, wenn ich nichts mehr habe, wenn ich alt genug bin, wenn ich ein Auto habe. Oder frei wäre ich, wenn ich jünger wäre, mein Partner nicht mehr süchtig wäre, ich besser sehen könnte und ewig so weiter. Mag sein, daß sich bei Erfüllung dieser Bedingungen auch eine Erleichterung einstellt, aber bald taucht die nächste Bedingung und dann wieder eine auf – so die ersehnte Freiheit permanent auf Abstand haltend.

Hintergründig betrachtet, ergibt sich das Fazit: Echte Freiheit ist bedingungslos. Sie kann sich nur ereignen, wenn wir absolut keine Bedingungen mehr an sie stellen. Und hiermit meine ich keineswegs die passiv resignative Haltung, die zum Beispiel den Herrgott alle Bedingungen setzen läßt, sondern einen sehr »aktiven Zustand« des Nichts-mehr-Machens, in dem alles bedingungslos aus dem Moment heraus geschieht, ein Zustand, der nicht durch unser Dieses-und-jenes-Wollen zerstückelt wird. Zur Bedingungslosigkeit dieses Zustands echter Freiheit gehört, daß wir ihn weder machen noch erreichen können, sondern, daß er immer schon waltet und fatalerweise, wie beschrieben, von uns permanent auf Abstand gehalten wird. Paradoxerweise müßten wir zur »Erreichung« dieses Freiheitszustands eben gerade nichts machen, müßten ihm lediglich Raum geben, müßten aufhören, Bedingungen zu stellen, und das heißt, wir müßten – wieder einmal – begreifen, daß dem alles kontrollierenden, einrichtenden, handhabbarmachenden und uns an die Zeit nagelnden Verstand die Alleinherrschaft in unserem Bewußtsein gekündigt werden müßte. Das allerdings hätte zur Folge, daß wir in eine Art »Unendlichkeitslücke« in unserem Bewußtsein gerieten, in einen sogar geheimnisvollen Bereich, der grenzenlos weiter ist als der kleine Miniausschnitt, den unser Verstand im Dienste unserer wirklichen oder vermeintlichen Selbsterhaltung auszuleuchten vermag. Für unser Ganzwerden ist es logischerweise förderlich, wenn wir von jenem mitunter sogar Schicksal erwirkenden oder zementierenden Ausschnittsbewußtsein unseres Verstandes überwechseln könnten in jene unendliche, heilsame und befreiende »Lücke«, die nur darauf wartet, sich in unserem Normalbewußtsein aufzutun.*

∞ *Die Freiheit in der Lücke ist schon außerhalb der Schicksalsschiene.*
∞ *Wirkliche Freiheit ist nur möglich, wenn ich mit einem Fuß im Geheimnis stehe.*
∞ *Wenn ich in der Identifikation bin, habe ich keine Freiheit.*
∞ *Trotz ist Befreiungsenergie, die Amok läuft.*
∞ *Eine ertrotzte Freiheit hält mich in der Abhängigkeit.*
∞ *Das schönste an der Regel ist der Spaß der Übertretung.*

* Was hier genau unter »Lücke« zu verstehen ist, wird im Vortrag *Tod als Denk-mal* dargelegt.

- ∞ *Die Übernahme von Verantwortung ist die Voraussetzung für Freiheit. Ohne Verantwortung keine Freiheit!*
- ∞ *Der kürzeste Weg in die Freiheit ist die Versöhnung.*
- ∞ *Freiheit ist. Unsere unbewußte Anstrengung geht dahin, uns der Freiheit nicht zu bedienen.*
- ∞ *Der Zweifel ist die Keimzelle der Handlungsfreiheit. Vertrauen ist die Keimzelle der Wesensfreiheit.*
- ∞ *Gedanken befreien uns nicht.*
- ∞ *Haltet das Wunder für möglich!*
- ∞ *Bedenken sind dazu da, daß wir sie ausklammern.*
- ∞ *Wenn ich ans Äußerste gehe im Nichts-mehr-machen-Wollen, verändert sich etwas.*
- ∞ *Befreiung ist nicht machbar, sondern sie geschieht, wenn ich aufhöre, sie machen zu wollen.*
- ∞ *Befreiung geschieht, wenn wir aufhören, uns mit unserer Lebensgeschichte zu identifizieren.*
- ∞ *Freiheit ist Bewußtsein, das sich selbst anschaut*
- ∞ *Der Gipfel der Freiheit ist die konzentrationslose Liebe.*

INTEGRATIONSFRAGEN:

- Weiß ich wirklich, daß ich frei bin?
- Glaube ich an Sachzwänge?
- Oft besteht nur die Möglichkeit, in die Freiheit zu springen. Was hält mich vom Sprung ab?
- In welcher Hinsicht würde ich gerne springen?
- Wann tu ich's?

Fundamentalismen

Niemand mehr Rechenschaft schuldig sein
– nur noch uns selbst –
und auch nur vor dem Altar unserer Lebensfreude
das ist Stärke!
Freiheit nicht mehr durch ein Sieb von
Werten, Ansehen, Liebesgarantien, Sicherheiten seihen,
sondern uns zur Leichtigkeit und Freude wählen.
Keine Erklärungen und Begründungen
für unser Verhalten mehr abgeben,
weil wir sind, wie wir sind.
Keine Beklemmung mehr spüren,
wenn wir andern nicht entsprechen wollen,
weil sie nicht Richter unseres Lebens sind,
sondern nur Zeitgenossen.
Sich fremdbestimmen lassen
ist zutiefst absurd,
denn welcher Zeitgenosse könnte jemals
das Recht haben, uns zu entmündigen?
Bei Angriffen und Übergriffen
sich nicht mehr bedrängt fühlen,
sondern gemütlich und lachend in der eigenen Spur bleiben.

Wenn wir mit all dem endlich anfingen
– jetzt –,
dann wäre Hingabe möglich!

∞ *Eine Norm ist erst dann überwunden, wenn ich ihre Übertretung nicht mehr spüre.*
∞ *Der Arbeitsplatz ist fast so schlimm wie das Ehebett.*
∞ *Jeder unliebsame Mitmensch ist eine Erlösungschance.*

- ∞ *Sicherheit ist Siechtum.*
- ∞ *Der Mensch kann sich an seinem Leben ablesen.*
- ∞ *Die Menschheit kommt zusammen, indem jeder zu sich kommt.*
- ∞ *Das Maximum an seelischer Identifikation zeigt sich in der Besessenheit.*
- ∞ *In dem Bemühen, der Hölle auszuweichen, verpassen wir das Paradies.*
- ∞ *Kant und Hegel sind eine Planierraupe im Gehirn.*
- ∞ *Der Sinn des Lebens ist, Quatsch zu machen.*
- ∞ *Es wird, was ist. Was nicht ist, wird nicht.*
- ∞ *Das einzige, was wir im Leben lernen dürfen, ist, nicht die Nebenwirkung zur Hauptwirkung zu machen.*
- ∞ *Das Gute gelingt nur als Nebenwirkung, nie als Ziel.*
- ∞ *Wer was wissen will, muß sein Wissen vergessen.*
- ∞ *Alles, was ist, muß gelebt werden.*
- ∞ *Nur wer nein sagt, kann glaubwürdig ja sagen.*
- ∞ *Habe ich genug geliebt, und bin ich genug geliebt worden: das macht den Wert des Lebens aus.*
- ∞ *Wenn wir nicht gehen, geht nichts.*
- ∞ *Alle haben immer recht. Es gibt nur Mißverständnisse.*
- ∞ *Auch die Schulmedizin ist schwarze Magie.*
- ∞ *Der kleine Quatsch verhindert den großen Nervenzusammenbruch.*
- ∞ *Es gibt nichts Richtiges und nichts Falsches. Es gibt nur Präsenz in der Gegenwart.*
- ∞ *An unserer schicksalsmäßigen Anziehung erkennen wir, wo wir stehen.*
- ∞ *Wenn ich aus meinem Mißstand raus bin, ist jeder Schritt ein Abenteuer. Das Leben jenseits meiner Not ist Erfüllung.*
- ∞ *Jede Verhaltensänderung, die aus dem Kopf kommt, ist ein verheerender Klimmzug.*
- ∞ *Die Tragik des Lebens entsteht, wenn das Gewordensein dem Gesolltsein unterjocht wird.*
- ∞ *Wir sind alle Menschen 2. Klasse, obwohl wir alle das Ticket der 1. Klasse in unserer Seele haben.*
- ∞ *Nur der »Wahnsinn« heilt.*
- ∞ *Echte Spontaneität ist nur möglich, wenn wir klare Ziele haben.*

- ∞ *Das Leben ist ein einziger Hauptwaschgang. Die Kindheit ist die Vorwäsche.*
- ∞ *Das Unlebendige ist ruhiger. Deshalb sind die Toten so ruhig.*
- ∞ *Die Ungeduld ist das Buschmesser aus dem Dschungel der Vergangenheit.*
- ∞ *Zu wissen, daß ich nichts weiß, das entspannt.*
- ∞ *Wenn ich das Alte in die Gegenwart reinnehme, verpasse ich die Gegenwart.*
- ∞ *An jeder Tugend hängt ein ganzer Schwanz Nichtgelebtes.*
- ∞ *Alles, was Ziel ist, kann ich nicht erleben.*
- ∞ *In der Sicherheit ist es schön angenehm starr. Müssen wir uns denn so sicher ins Grab bringen?*
- ∞ *Konsequenz verhindert Spontaneität.*
- ∞ *Das Gefühl hat keine Probleme, nur die Birne.*
- ∞ *In jeder Erlaubnis schwingt im Hintergrund ein Verbot.*
- ∞ *Durch das Eitelsein glibbern wir in die Unwirklichkeit.*
- ∞ *Rückschritte gehören zur Dynamik des Vorankommens.*
- ∞ *Die Kreuze sind dazu da, abgeworfen zu werden.*
- ∞ *Da schmeißen die Bäume die Früchte runter, und dann ist Ruhe.*
- ∞ *Im Nichttätigsein erledigt sich so viel. An einer Blume, die gerade rauskommt, zieht man ja auch nicht dran. Werdet wie die Blumenzwiebeln.*
- ∞ *Es gibt keine Schufte, nur Verletzte.*
- ∞ *Bravsein ist unnatürlich.*
- ∞ *Gratwanderungen sind die schönsten Wanderungen.*
- ∞ *Das voll gelebte Böse richtet weniger Schaden an als das nicht gelebte Böse. (Weil es im Schatten übermächtig wird.)*
- ∞ *Solange mir der Neid der anderen was ausmacht, gestehe ich mir meinen Besitz nicht voll zu.*
- ∞ *Das chronische Wochenende erfordert permanent Kreativität.*
- ∞ *Wir können uns nicht konsequenzfrei was vormachen.*
- ∞ *Das einzige Gewissen, das erlaubt ist, ist mir selbst gegenüber.*
- ∞ *Sowie ich einen Punkt hinter eine Sache setze, nagele ich mich fest.*
- ∞ *Wenn wir viel reden, passiert wenig. Wenn wir das Eigentliche sagen, brauchen wir nicht viel Text, und es passiert viel.*
- ∞ *Sünde ist, dem anderen auszuweichen. Die Todsünde ist das Ausweichen vor sich selbst.*

- ∞ *Mit der Pensionierung beginnen Lebensabend und Nacht.*
- ∞ *Es ist besser, in Paris zu sein, als um die Stadtmauern Roms zu rennen.*
- ∞ *Das, was wir über uns selbst glauben, ist die am längsten währende Hypnotisierung.*
- ∞ *Dieses Leben ist bereits das nächste vom letzten.*
- ∞ *Es gibt nur dann einen Kampf um Platz, wenn wir nicht am eigenen Platz stehen. Am eigenen Platz ist genug Platz.*
- ∞ *Der Bildungsdünkel spukt durch alle Hirne.*
- ∞ *Wer sich bildungsmäßig verfremdet, kann abends nur noch vor die Glotze.*
- ∞ *Es ist unmöglich, unfreundlich zu sein, wenn es einem gutgeht.*
- ∞ *Je weniger Text ich mache, um so ernster ist es mir mit mir.*
- ∞ *»Würde« ist oft Verklemmtheit.*
- ∞ *Jetzt ist immer.*
- ∞ *Das Tolle an Sackgassen ist, daß sie einen Wendehammer haben.*
- ∞ *Lebenskunst bedeutet, am Ende des Weges weiterzugehen.*
- ∞ *Wichtig ist zu erkennen, daß nichts wirklich wichtig ist – und somit eben alles.*
- ∞ *Jeder einzelne steht unter Naturschutz.*
- ∞ *Widersprüche bedeuten immer, daß wir nicht zu Ende gedacht haben.*
- ∞ *Trägheit ist bereits, noch darüber zu* **sprechen**, *eine Sache machen zu wollen, obwohl man sie* **direkt** *machen könnte.*
- ∞ *Niemals mitspielen. Bei jeder Macke, wo ich mitspiele, werde ich zum heimlichen Komplizen der Macke.*
- ∞ *Das Neue bringt nicht mehr das Alte.*
- ∞ *Nur unter Menschen trifft man Menschen.*
- ∞ *Das Leben ist ein einziges Feedback.*
- ∞ *Das ist die Absurdität: Es ist alles total einfach und gleichzeitig fast unmöglich.*
- ∞ *Die Kunst ist aufzuhören, sich zu verhindern, und nicht, irgend etwas Neues anzufangen. Das Neue kommt von selbst.*
- ∞ *Zum Happy End gehört auch das End.*
- ∞ *Fotografieren heißt, sich an der Zukunft rächen.*

INTEGRATIONSFRAGEN:
- Was begeistert mich?
- Wen liebe ich?
- Was genieße ich?

Unschuld

Als ich deine Unschuld sah,
zersprang mein Herz in die Gegenwart,
gerührt schlug es an deine Einsamkeit.
Ich sah, du würdest dich schlagen lassen
– wehrlos bleiben wie ein Baum,
der gefällt wird. Deine Unschuld
würde nicht glauben können, daß sie
dich schlagen, fällen –
schon niedersinkend noch immer
dein einfacher, – vertrauend ausgelieferter Blick –
da reißt mein Herz aus,
um sich liebend und schützend um dich zu legen,
während mein Verstand sich ungeduldig
auf deine Unschuld wirft …
…
als Linderung für mein Herz.

Geben und Nehmen

Ich kann nur das wirklich nehmen, wofür ich dankbar bin. Nehmen heißt zustimmen. Nicht nehmen ist dumm. Es gibt alles, nur wir nehmen nicht. Das ist unsere Beklopptheit. Wer nimmt, gibt auch sehr oft, weil eine Bewegung geschieht. Wenn ich nicht nehme, mauere ich mich zu. Die Verweigerung zu nehmen ist im eigenen Innern. Sie besteht letztlich nicht erzwungenermaßen, weil es nichts zu nehmen gäbe. Die Kunst besteht halt darin, es dort zu nehmen, wo es ist, anstatt darauf zu warten, daß es von einer bestimmten Stelle kommt, von der es eben nicht kommt: Also zum Beispiel darauf zu warten, daß mein/e PartnerIn endlich ein/e Traummann/-frau wird und in diesem Warten an den vielen Traummenschen vorbeizugehen. Wir dürfen uns im Namen unseres **Ganz**- und **Anders**werdens zu der Erkenntnis durchringen, daß das Leben ein Selbstbedienungsladen ist und daß es sinnlos ist, darauf zu warten, bedient zu werden. Wer sich nie bedient, gerät in ein hoffnungsloses Defizit und schraubt dann seine Erwartungshaltung immer höher, wodurch die Gebekapazität eines jeden Mitmenschen überstrapaziert wird. Wer sich jedoch ausreichend bedient, kann leicht von dem, was er hat, weitergeben und gerät so in einen guten Gebe-Nehme-Fluß mit anderen; vergleichbar dem Ein- und Ausatmen.

Um ganz zu werden, muß der Gebetyp das Nehmen lernen und der Nehmetyp das Geben.

Wenn ich dir gebe,
was ich nicht mehr brauche,
dann miste ich lediglich aus.
Mein abgetragenes Hemd.
Wenn ich dir gebe,
was ich selbst noch brauche,

schwäche ich mich.
Mein letztes Hemd.
Wenn ich dir gebe,
was du brauchst,
dann habe ich *dich* wahrgenommen
und dir das Nehmen leicht gemacht.
Wir können uns freuen
über dein neues Hemd.

∞ *Wer gut gibt, nimmt zugleich. Wer schlecht gibt, leert sich aus.*
∞ *An der zu hohen Rechnung wird der Fehlkauf erkennbar.*
∞ *Es beeindruckt nichts so sehr wie echtes Gefühl.*
∞ *Nehmen ist aktiv.*
∞ *Die Voraussetzung für ein gutes Gespräch ist das wenige Reden.*
∞ *Beschwichtigungen geben mir einen Minianteil von dem, was ich* eigentlich *will. Warum nicht gezielt das Eigentliche wünschen, anstatt Beschwichtigungen zu provozieren?*
∞ *Wenn ich gebe, ohne zu nehmen, dann habe ich den anderen in eine Abhängigkeit geworfen.*
∞ *Oft geben wir, weil wir nicht den Mut haben, uns hinzugeben.*
∞ *Bei der Hingabe sind Geben und Nehmen zugleich.*
∞ *Sich-Abgeben ist was anderes als Sich-Hingeben. Im Hingeben bin ich absolut bei mir.*
∞ *Im Zweifelsfalle so viel wie möglich nehmen!*
∞ *Wer zuviel gibt, drückt dem Empfänger ein Schuldgefühl auf.*
∞ *Das Fordern kommt aus dem Defizit und setzt den andern unter Druck. Besser: Einfach nehmen. Erzwingen und Fordern haben etwas gemeinsam: nämlich den heimlichen Glauben, daß mir das Begehrte nicht zustünde. Einfach nehmen ist besser.*
∞ *Wenn ich erzwinge und fordere, nehme ich nicht die richtige Menge.*
∞ *Wer noch Hilfe nimmt, obwohl er sich schon stärker fühlt, schwächt sich selbst. Stark zu sein bedeutet, normal zu sein, was Geben und Nehmen angeht.*
∞ *Wenn ich was habe, kann ich auch was geben. Wenn ich in diesem Sinne was gebe, beschenke ich mich selbst.*

∞ *Vollständige Hingabe ist eine Reise ohne Wiederkehr.*

∞ *Die übermäßige Gebestülpe zerstört den Kontakt. Durch den Gebeberg baue ich eine Barriere auf.*

∞ *Die direkte Forderung erleichtert das direkte Nein.*

∞ *Was brauche ich? Wo ist es? Und dann hingehen und holen. An der falschen Stelle ist das Holen mühsam.*

∞ *Wenn wir das Erstbeste nicht haben können, gestalten wir uns eben das Zweitbeste. Das ist immer noch befriedigender als vergeblich auf das Erstbeste zu warten.*

Integrationsfragen:
- Wem gebe ich?
- Von wem nehme ich?
- Gebe ich genug? Nehme ich genug?
- Besteht ein Ausgleich? Möglicherweise durch Geben und Nehmen in verschiedenen Bereichen?
- Wenn nicht: Wo und wie könnte ein Ausgleich hergestellt werden?

Das Gemäße und Normale

Manchmal ist es viel lebendiger,
das »Falsche« zu tun,
Versprechen zu brechen,
»Verbrechen« zu gestalten,
für eine Nacht
sein ganzes Leben zu geben,
sich zur Pracht entfachen,
durchzulachen,
neu erwachen
wieder »krumme«, bunte Sachen machen
und im Ewiglachen
endlich wissen:
die ganze Maya ist zerrissen,
wenn Gut und Böse ineinanderspringen
und vom Ganzsein singen.

So
wäre es gemäß und normal!
So
würden wir wirklich *gut*.

Unter dem Gemäßen und Normalen ist hier nicht das Durchschnittliche, nicht die laue Mitte gemeint, sondern die voll sich auslebende Momentfreude. Es geht um eine Lebendigkeit, die sich weder durch falsche Rücksichtnahme, noch durch Regel- oder Moralkorsetts hindurchpressen muß. Wenn wir die Natur betrachten, finden wir eine derart unbehinderte Momententfaltung normal. Nur beim Menschen kommt uns die Nichtbehinderung gefährlich vor. Also wird er von klein auf behindert und eingeschränkt, damit er als *Mit*mensch tragbar wird. Die folgerichtige

Formel müßte lauten: je behinderter, desto sozialfähiger. Diese Sozialfähigkeit ist jedoch anzuzweifeln, denn wir können immer wieder sehen, daß auch folgende Formel stimmt: je behinderter, desto unlebendiger, unnormaler. Und hier können wir weiter folgern: je weniger lebendig, um so weniger sozialfähig ist jemand. Es geht also nicht darum, die in der Kindheit anzubringende Behinderung richtig zu dosieren, auf daß der Mensch ein Maximum an Sozialfähigkeit und ein gerade noch tolerables Maß an Unlebendigkeit erlange, sondern es geht darum, die Kinder zu einer verantwortungsbewußten Lebendigkeit hinwachsen zu lassen. Hiermit soll gesagt werden, daß die Lebendigkeit von Kindern *normal* ist und erst dann beim Kind wie auch später wirklich gefährlich wird, wenn sie zu sehr gedrosselt wurde. Mit andern Worten, unmittelbare, primäre Lebendigkeitsäußerung entspricht zutiefst dem Gemäßen und Normalen, denn wenn unsere spontanen Äußerungen nicht mehr durch Bedenken, Ängste und innere Schicksalsrichter zurückgestutzt werden, dann sind wir ganz und gar.

∞ *Normal: wenn das Schwerste zum Spiel wird.*
∞ *Normal ist, was mir gemäß ist.*
∞ *Überforderung ist alles, was mir nicht gemäß ist.*
∞ *Beweisenmüssen ist Abweichung von meiner Gemäßheit.*
∞ *Trotz ist eine ganz wichtige Station auf dem Weg zur Eigenständigkeit.*
∞ *Nicht anders werden, sondern werden, wie wir sind.*
∞ *Fehlgeburten sind so etwas wie naturbedingte Abtreibungen.*
∞ *Bescheidenheit ist von Übel.*
∞ *Ziel ist, daß wir in unsere eigene Normalität kommen.*
∞ *Ich will nichts und bin offen: dadurch bekomme ich fast alles.*
∞ *In unserer gesunden Ecke wissen wir, daß Fliegen unser Normalzustand wäre. Eine doppelte Anstrengung entsteht, wenn wir erstens das Fliegen verweigern und zweitens den Glauben aufrechterhalten, daß Fliegen mies sei.*
∞ *Wer im Genuß ist, ist in der Gegenwart.*
∞ *Das Besondere ist das Stinknormale.*

- ∞ *Erst wenn wir uns nicht mehr fürchten vor etwas, ist es normal geworden.*
- ∞ *Die Heilung liegt in der Normalität.*
- ∞ *Jeder Groll verhindert den gemäßen, richtigen Abstand.*
- ∞ *Es gibt keine schweren Rollen im Leben, höchstens falsche.*
- ∞ *Dreck ist alles, was am falschen Ort ist. Dreck auf dem Eßtisch ist am falschen Ort, aber in der Mülltonne ganz okay.*
- ∞ *Die säkularisierte Form von Amen: Es ist genug. Es hat gereicht.*
- ∞ *Auf dem eigenen Platz bin ich nicht in der Identifizierung.*
- ∞ *Es gibt keine übertriebenen Gefühle – höchstens von Schmerz gezeichnete.*
- ∞ *Wer in der Familie keinen gemäßen Platz hatte, diskriminiert andere und wird intolerant.*

Integrationsfragen:

- Denke, fühle, leide, lebe ich für andere mit?
- Was bringt mir das ein?
- Wie lebte ich, wenn ich nur mein Leben verantwortungsbewußt gestaltete?
- Fülle ich *meinen* Platz voll aus? Was fehlt? Was ist gut?

Glück / Unglück*

Wenn ich denn mein Glück selbst schmieden kann, dann müßte ich nur noch wissen, wie das geht. Es gilt, ein paar grundlegende Dinge zu berücksichtigen:

1. Nicht zu warten, daß es vom Himmel oder Partner fällt, sondern die Verantwortung für das eigene Glück selbst zu übernehmen.
2. Zu erspüren, was mir guttut, und das hole ich mir **da, wo es ist**. Also wenn ich Gold haben möchte, dann grabe ich **nicht** an einer Stelle, wo es nur Braunkohle gibt. Andernfalls werde ich der Braunkohle und der eigenen Energie, die ich für das Graben einsetze, nicht gerecht. Wenn ich Braunkohle will, dann gehe ich da hin, wo es Braunkohle gibt. Manche graben bis an ihr Lebensende im Braunkohleloch nach Gold.
   Beim Glück-Schmieden geht es darum, sich nichts schuldig zu bleiben und auch andern nichts schuldig zu bleiben, dadurch, daß von ihnen gefordert wird, was sie nicht wirklich haben.
3. Real zu erkennen, welcher Weg gangbar ist und nur den zu beschreiten.

∞ *Hand in Hand mit dem Schuldgefühl zum Glück.*
∞ *Wir können uns leichter an ein Holzbein gewöhnen als an unser eigenes Glück.*
∞ *Glück ist, ohne Anstrengung zu leben und in der Gegenwart zu sein.*
∞ *Glück ist, nicht auf der Suche zu sein.*
∞ *Glückseligkeit ist ein Zustand, in dem ich grenzenlos bin.*

---

* Weitere Erläuterungen finden Sie auf der Vortragskassette *Grundlos glücklich*

- ∞ *Wer total glücklich ist, kann die Weisheit nicht mehr vermeiden.*
- ∞ *Nichts ängstigt so wie das eigene Glück, und nichts fühlt sich so unwirklich an wie das eigene Glück.*
- ∞ *Glück ist besonders gewöhnungsbedürftig.*
- ∞ *Das Spiel mit dem Glück ist wie das Spiel mit dem Feuer.*
- ∞ *Das Glück ist gefährlich. Das Glück ist unvertraut.*
- ∞ *Angst und Schuldgefühle sind Stöpsel auf dem Gefährlichen. Und das Gefährliche ist eben auch das Glück, das wir uns verbieten. Stabiles Unglück kann ganz gut gelebt werden.*
- ∞ *Die Hauptbeschäftigung im Leben darf sein mitzukriegen, was ist; sonst waltet das stabile Unglück.*
- ∞ *Es ist gut, risikobereit zu sein, weil wir oft nur das Unglück aufs Spiel setzen.*
- ∞ *Wer das Glück wirklich erlebt, ist nicht mehr kleinlich.*
- ∞ *Alles, was mich rausholen könnte aus meinem Elend, ist gefährlich.*
- ∞ *Ein Glück kommt selten allein. Wenn wir einmal auf dem Glückstrip sind, dann geht es ab.*
- ∞ *Das ist der Vorteil am Unglück: man weiß, was man hat.*
- ∞ *Es gibt kein isoliertes Pech. Pech ist immer vernetzt. Genauso gibt es kein isoliertes Glück.*
- ∞ *Wir sind besonders glücklich, wenn wir nichts mehr verstehen.*
- ∞ *Kaum, daß sich das eigene Glück über die Glücksgrenze der Eltern hinausbewegt, hat es einen verbotenen Touch.*
- ∞ *Wir vergewaltigen die jedem Menschen eigentümliche Glückseligkeit durch unsere Vorstellung vom Glück.*
- ∞ *Prägung, Muster, frühkindliches Trauma – all das gibt es und legt sich wie ein Schmerzensschleier über unser Glück. Wir haben die Wahl, uns mit diesem Schleier oder unserem Glück zu identifizieren.*
- ∞ *Es ist eine besondere Art von Großzügigkeit, andern ihr Unglück zu lassen.*
- ∞ *Die Wand, die uns vom Glück trennt, ist eine Pappwand, auf die eine Mauer aufgemalt ist.*

INTEGRATIONSFRAGEN:
- Was macht mich glücklich?
- Was unglücklich?
- Warte ich auf mein Glück? Wie könnte ich aktiv werden?
- Suche ich mein Glück am falschen Ort?
- An welchem Ort wäre meine Glückssuche vielversprechender?
- Will ich diesen Ort überhaupt sehen?

Sarkasmen für ein besseres Leben

Unglück
als Herberge
(ein Raum, in dem man sich auskennt)
lies »Herberge« auch als:
Heerberge
(ein Raum, der militant umstellt scheint)

und als:

Herb-särge
(ein Raum, der eng und sauerdumpfig ist)

Glück
als offener Raum,
der keine Sicherheit bietet,
der voller Risiken ist,
der von mir fordert,
die Solidarität mit meinen Eltern aufzugeben …

Als Sicherheit getarnter Größenwahn

Behutsam lehne ich mich in mein Unglück und fühle eine wunderzwange Geborgenheit, weil ich Mama und Papa so wohlgefalle.

Ich weiß, was Treue ist, und deshalb bleibe ich dem Familienunglück ewig verbunden. Ich werde doch nicht so töricht und waghalsig sein, auf meine schönen Elendsgefühle zu verzichten. Ich kann es meinen Eltern doch nicht antun, glücklicher zu sein als sie!

Welch ein Größenwahn beseelt mich! Wie kann ich nur glauben, durch mein Unglück andere glücklich machen zu können, oder durch mein Glück – wie kann der Mensch allen Ernstes jemals glauben, andere glücklich machen zu können?

Löskopf – Döskopf

Ein Problem bei einer Erklärung ablegen, weil man es nicht lösen kann. So zwar ad acta gelegt, wird es doch niemals vergilben.

Goldene Regeln

Die Existenz von Regeln verbürgt keine Ordnung und keine Heilung, sondern fordert nur deren Befolgung. Bei den folgenden Regeln dürfen Sie noch ganz genau herausfinden, wie sie sich auf Ihr Leben übertragen lassen und welche Handlungskonsequenz sich dann jeweils ableiten läßt. Und in dem Moment, in dem wir handeln, beginnt das Wunder. Hierbei könnte eine erste Handlung bereits sein, die aufgeführten Regeln ernstzunehmen.

- *Jede Veränderung, die ich mit Kraft erwirke, geht in die Binsen.*
- *Wenn es weh tut, dann verharren (Im Sinne von: nicht über seelisches Unbehagen hinweggehen).*
- *Sich ganz und gar ernstzunehmen heißt, sich auf eine gute Art nicht mehr ernstzunehmen.*
- *Ich erlaube mir doppelt soviel, damit die Hälfte reicht. Wie es meistens geht: Ich erlaube mir die Hälfte und brauche doppelt soviel.*
- *Wer sich durchsetzen kann, braucht nicht zu kämpfen.*
- *Das Wichtigste ist, im* **Leben** *zu lesen.*
- *Wenn du viel kriegst, dann fordere noch mehr.*
- *In jeder Gegenwart zimmern wir uns neue Vergangenheit durch Nichtgesagtes.*
- *Sich nicht zu nehmen, was wir kriegen könnten, ist doof.*
- *Bescheidenheit ist Lebensamputation.*
- *Sparflamme schwächt. Volle Kanne stärkt.*
- *Das ganze Geheimnis liegt darin, den andern zu lassen, wie er oder sie ist.*
- *Es geht darum, das Unnatürliche zu lassen. Lebensqualität statt mehr Pullover.*
- *Alle Tugenden taugen nur als Nebenwirkung.*
- *Wenn wir aufhörten, uns selbst zu deckeln, hätten wir längst einen Fuß im Paradies.*

- *Nur was konkret ist, bringt was in Bewegung.*
- *Wenn es jemanden zu retten gibt, dann mich.*
- *Selbstbildveränderung erwirkt Wahrnehmungsveränderung.*
- *Das Ergebnis verzieht sich, sowie du ergebnisgeil bist.*
- *In der Stagnation ruft die Aufgabe, etwas anders zu machen.*
- *Es geht darum zu lernen, abgewandt zu wünschen.*
- *Real werden, ist der Steigbügel in die Selbstentfaltung.*
- *Alles, was für mich gut ist, ist automatisch für mein Umfeld gut.*
- *Lustig ist besser als edel.*
- *Edel sein, ist nicht schlimm, wenn es Nebenwirkung und nicht Hauptziel ist.*
- *Konsequenz ist unlebendig. Sie ist nur so ein Tick des Menschen. Was du angefangen hast, kannst du ruhig liegenlassen, wenn es dir dann bessergeht.*
- *Spielchen mit anderen führen zu Unerledigtem. Wenn ich mit anderen spiele, spiele ich automatisch mit mir selbst.*
- *Holzwege abbrechen, nicht eitel dranbleiben.*
- *Im Dankbarsein sage ich ja zum Leben.*
- *So wie ich die Rechnung nicht ohne den Wirt machen kann, so kann ich die Liebe nicht ohne mich selbst machen.*
- *Abjammern ist besser als krank werden.*
- *Wenn es schiefgegangen ist, dann bloß nicht aufhören. Sowie es schiefgeht, neues Wagnis! Das Versagen auswerten. Wenn ich Schmerz nicht ausschlachte, vernagele ich mich noch mal.*
- *Rücksicht nehmen ist von Übel: Rücksicht nehmen fördert den Grollstau. Mit jeder Rücksichtnahme wird die Kampfeskalation vorbereitet. Mit Rücksichtnahme klemmst du dir was ab, verdirbst du dir das Leben.*
- *Ein jeder ist seines Glückes Schmied – manche schmieden lieber nicht.*
- *Übertreiben ist das Gegenteil von Verdrängen.*
- *Handlungsfähig sind wir nur, wenn wir die möglichen Konsequenzen unseres Tuns bereits im Vorfeld akzeptieren. Das heißt: handlungsfähig ist nur, wer die Bereitschaft zur Konsequenz hat.*
- *Absprung nach innen, anstatt Angriff nach außen.*
- *Wenn ich an einer Ecke in meinem Leben etwas Positives mache, entsteht ein positiver Regelkreis.*

- ∞ *Wichtig bei jeder Lösung, daß wir sie durchtragen.*
- ∞ *Hinterrücks nehmen wir Anlauf für vorderrücks.*
- ∞ *Werte durch eigenes Wohlbefinden ersetzen.*
- ∞ *Es ist besser, für die Lust zu sparen als für die Not.*
- ∞ *Das Bemühen um Veränderung verhindert Veränderung. Wir brauchen Veränderungen nicht zu machen; es genügt, sie zuzulassen.*
- ∞ *Nimm, was da ist. Das ist ein Gesetz. Aber warte nicht auf das, was nicht da ist.*
- ∞ *Wenn ich kein Vertrauen habe, dann schenk ich's mir eben.*
- ∞ *Manchmal sind klare Worte schon wie Handeln.*
- ∞ *Sich handelnd retten, bevor man sich »verstehendlich« in die Lethargie gebracht hat.*

INTEGRATIONSFRAGEN:

- Habe ich diese Regeln auf mein Leben übertragen?
- Mit welchen will ich nichts zu tun haben? Könnten die besonders aufdeckend sein?

Gott

Ein aufrichtiger Querulant findet endlich eine Weise, und von der will er's wissen:

Querulant: Jetzt sag mir, ob es Gott gibt.

Weise: Nimm Werden manchmal als Zeichen.

Querulant: Das ist keine klare Antwort. Und als Zeichen wofür?

W.: Vorläufig, meinst du, nicht verständlich?

Qu.: Wenn du von »vorläufig« sprichst, dann hast du noch was Klareres, etwas, das später vielleicht zu verstehen ist, in der Hinterhand. Sag es mir sofort, bitte!

W.: Verstehst du Neues?

Qu.: Warum nicht?

W.: Neues meiden die meisten.

Qu.: Mich interessiert Neues; das heißt, hauptsächlich will ich wissen, ob es Gott gibt.

W.: Das meinst du nur –

Qu.: Wie! Das meine ich nur? Ich will's wirklich wissen. Und du kannst es mir sagen, aber irgendwie rückst du nicht raus mit der Sprache. Willst du's mir nicht sagen?

W.: Es gibt nichts zu sagen. Und es gilt, in Sachen Gott nichts zu wissen.

Qu.: Du sprichst in Rätseln.

W.: Verständlicherweise, denn Gott ist ein offenbares Geheimnis.

Qu.: Also entweder offenbar oder Geheimnis!

W.: Für manche offenbar, für die meisten Geheimnis.

Qu.: Für mich anscheinend Geheimnis, sonst würde ich dich nicht fragen müssen. Und was muß ich tun oder verstehen, damit Gott für mich offenbar wird?

W.: Versteh nur, daß Meinungen über Gott nichts mit Gott zu tun haben. Und tun mußt du nur wenig –

Qu.: Ja, und was?

W.: Nur morgens zum Tag bereit sein und ihn von Moment zu Moment leben.

Qu.: Das kann's nicht sein, denn ich bin jetzt schon jeden Morgen für den Tag parat, und Gott ist mir trotzdem nicht im mindesten offenbar.

W.: Du bist nicht für Momente bereit. Nur für Altes und Geplantes. Du bist nicht für dich, nicht für Gott parat.

Qu.: Und wie wäre ich, wenn ich für mich oder Gott bereit wäre?

W.: Du wärest hellwach und könntest dich überlassen. Deine Wachheit wäre nicht durch Gedanken irritiert. Du wärest nicht zwischen dir und deinem Erleben.

Qu.: Wie bitte? Wo? Wie dazwischen?

W.: Einfach nichts. Das wäre das Neue.

Qu.: Soll ich vielleicht als dumpfer Blödmann mit Leerhirn durch die Landschaft ziehen, anstatt meine Projekte zielgerichtet zu verfolgen?

W.: Wirkliche Projekte schieben wir nicht zielartig vor uns her, sondern die *sind* wir.

Qu.: Irgendwie fühle ich mich genervt, weil du nicht klar sagst, was jetzt mit Gott los ist. Aber das kenn' ich schon, diese Geheimnistuerei derjenigen, die behaupten, einen besonderen Draht zu Gott & Co zu haben.

W.: Es gibt keinen Draht und keinen Gott, den du dir vorstellen könntest. Nicht, weil dein Vorstellungsvermögen nicht ausreichte, sondern, weil Vorstellen bereits die falsche Zugangsart ist.

Qu.: Und was wäre die richtige Zugangsart, die mir Gott offenbar machte? Soll ich glauben oder beten?

W.: Nur nicht mehr tun als für Gott verträglich ist.

Qu.: Also gibt es Gott! Irgendeinen Gott, für den irgendwas verträglich ist.

W.: Nein –

Qu.: Ja, was jetzt?

W.: Nur dich und für dich sind Glauben und Beten nicht verträglich.

Qu.: Ich dachte, für Gott seien die nicht verträglich.

W.: Genau! Mehr habe ich dir nicht zu sagen.

Der aufrichtige Querulant versinkt ins Nachdenken. Und sagt dann so halb vor sich hin: Ach so![*]

∞ *Gott ist stinknormal.*
∞ *Indem ich den Gott draußen anbete, verhindere ich den Gott im eigenen Innern.*
∞ *Der liebe Gott ist schlauer als ein Fuchs.*
∞ *Es gibt kein Gefälle zwischen Gott und Mensch.*
∞ *Wer sich selbst treu bleibt, rückt Gott näher.*
∞ *Alle Heiligen waren radikal.*
∞ *Es gibt keinen Erlöser. Jesus ist gestorben, und zwar umsonst. Das Warten auf die Gnade ist nicht gottwohlgefällig.*
∞ *Erst heil, dann heilig.*
∞ *Am Heiligenschein erkennt man, daß jemand nicht heil ist.*
∞ *Die Scheinheiligen klammern die halbe Welt aus, und die Heiligen haben die ganze Welt genommen.*
∞ *Heilig werden wir nicht, heilig sind wir.*
∞ *Das raffinierteste Versteck des Teufels ist im Kirchengott.*

INTEGRATIONSFRAGEN:

- Wie steht es mit meinem Gott?
  - Gibt es ihn?
  - Will er was von mir?
  - Nervt er?
  - Liebt er mich, wie ich bin?
- Sollte ich ihn vielleicht mal erlösen? (Zum Beispiel von dem Bild, das ich von ihm habe.)

---

[*] Weitere Ausführung finden Sie auf der Vortragskassette *Wo versteckt sich Gott?*

Mein Glaube

Sinnverwehungen einer kargen Welt
beugen hinter den Aberglauben
– die einzige Konsequenz
bietet keinen Ausblick –
also trotzdem!
Das Trotzdem reißt die Hände aus dem Schoß
der Glaube läßt sie ruhen in Ewigkeit.
Das Aber mein Stecken und Stab,
der sich nicht stützt auf feste Burg,
sondern nur, daß er nicht
brechen möge, ist
mein Glaube

Das Mutterunser

Mutter unser,
die du warst auf der Lauer,
entweiht wurde dein Name.
Dein Reich kommt nicht mehr.
Dein tägliches Brot stopft uns nicht mehr.
Unsere Schuld hat sich aufgelöst,
wir tragen dir nichts nach.
Wir geben uns jetzt jeder Versuchung hin.
Von deinem Übel sind wir erlöst,
dein **war** unser Über-Ich.
Amen!

Altes Gebet

Geliebte Gottheit!
Du bist unendliche Harmonie.
Du bist mir heilig.
Sei überall:
aus Dir und durch Dich soll alles geschehen.
Aus Dir will ich leben.
Halte mich in Deiner Nähe,
wie auch ich alle in meiner Nähe halte
und löse alle Ablenkung auf.
Du wirst überall sein,
denn Du bist die Kraft
und die unendliche Wahrheit
in Ewigkeit
Amen.

Grenzen

Grenzen,
weil wir auf den Augenschein der uns umgrenzenden Haut noch hereinfallen. Haut, die vermeintlich trennt in drinnen und draußen, zur Berührung verleitend, auf daß wir fassen, was draußen ist, wodurch Nähe vereitelt wird, weil dem Objekt Objektheit quittiert wird im Fassen.

Grenzen,
weil wir sitzen im Nicht-Du, im Ich, im Wenn-dann, im Noch-nicht und Nicht-mehr, im Blicken auf später, das nicht sein kann, weil wieder ein Später hinter ihm lauert, wodurch wir am Ende der Reihe fürchten den Tod als dümmste Grenze.

Grenzen,
weil wir der Gegenwart ihre Gegenwärtigkeit nicht zutrauen. (In der Ekstase reißen wir die Gegenwart an uns und erlauben uns nicht, ihr zu entschlüpfen, sondern heften uns an sie mit nach innen wirbelnder Zentrifugalkraft.)

Grenzen,
weil wir eilen.

Grenzen
sind Widerstände gegen uns selbst, gegen einander, gegen Unsterblichkeit, gegen Leben, gegen alles, was sein könnte, wenn wir – allerwenigstens – unsere Widerstände sehen könnten.

Und wenn nun das Wunderbare geschähe?

Wenn …?!

Sanfter als ein Blütenblatt zu Boden
fällt, löst sich mein letzter Widerstand gegen mich selbst auf
wie ein durchsichtiger Vollmond
anstrahlend eine Ungrenze die
nicht weil alles
schon immer
jetzt

- ∞ *Meine eigenen Grenzen bestimmen die Grenzen in meinem Kontakt.*
- ∞ *Unerkannte Grenzlinie = Kampflinie. Erkannte Grenzlinie = Entwicklungslinie.*
- ∞ *Jedes Unbehagen ist eine Form von Grenze.*
- ∞ *Jede Grenze wird als Entwicklungshilfe willkommengeheißen.*
- ∞ *Alles, was ich beim andern ändern, verbessern oder nicht zulassen will, ist ein Hinweis auf meine eigenen Grenzen.*
- ∞ *Es macht uns wütend, wenn andere uns unsere Grenzen zeigen.*
- ∞ *Wenn die Grenze kommt, dann sage ich nicht: »beugen«, sondern »entwickeln«.*
- ∞ *Wenn ich die Grenze willkommenheiße, löse ich sie auf.*
- ∞ *An der Grenze ist der Kraftakt verboten.*
- ∞ *An der Grenze lasse ich mich fallen oder gebe mich hin. Ich breche an der Grenze nicht, sondern ich dehne.*
- ∞ *Wir entgrenzen uns, wenn wir die Grenzen der Natur akzeptieren.*
- ∞ *Wichtig: die eigenen Grenzen gut kennen und respektieren.*

INTEGRATIONSFRAGEN:
- Wo sind meine ganz realen Grenzen?
- Liebe ich sie?
- Wenn nein: Was genau hält mich davon ab, sie zu lieben?

Grundgesetze

Das Wort »Grundgesetze« umfaßt in diesem Zusammenhang die folgenden beiden Bedeutungsschattierungen:

1. Gesetze, die von sehr **grund**legender und allgemeiner Art sind.
2. Gesetze, die den Weg zu unserem **Grund** freilegen helfen.
   Unter Grund verstehe ich unsere ursprüngliche, von traumatischen Erlebnissen nicht eingeengte Natur; sozusagen das verlorene Paradies unserer seelischen und körperlichen Ganzheit. Ziel darf sein, dieses Paradies wiederzufinden. Der Weg geht über die Integration von verlorenen und unter Schmerzen begrabenen Fähigkeiten und Persönlichkeitsanteilen.

Funktion der folgenden Grundgesetze ist es, die Bergung jener abgespaltenen Anteile zu erleichtern. Beherzigung vorausgesetzt!

∞ *Wenn was nicht klappt, dann mach was anderes.*
∞ *Da anfangen, wo es geht.*
∞ *Immer an der Angst lang.*
∞ *Erst fassen, dann lassen.*
∞ *Das höchste Gesetz: alles, was nicht integriert ist, blockiert.*
∞ *Potential ist da, wo wir es sehen.*
∞ *Jede Unterordnung ist immer ein Stück Selbstvergewaltigung. Überordnung auch!*
∞ *Nur Taten machen gesund und frei. Als Vorsatz bleiben sie eine Belastung.*
∞ *Im Zweifelsfalle wähle ich das Bessere.*
∞ *Dranbleiben ist gut. Drinbleiben ist doof.*

INTEGRATIONSFRAGEN:
- Welches Freudchen außer der Reihe könnte ich mir in dieser Woche noch verschaffen?
- Tu ich's?

Übrigens:

doof ist: mobilisiertes Potential zu frustrieren!
doof ist: Gasgeben in der Sackgasse!
doof ist *auch*: Holzwege nicht abzubrechen!
doof ist außerdem *noch*: trotz Erkenntnis doof bleiben!

Vom Umgang mit Schmerzen

Besser raus als rein! Noch besser: hindurch als raus!
Wer sich in seinen Schmerzen einrichtet, verschwendet sie.

Bahamas Regeln
– oder wie wir Heidegger praktisch machen können –

Januar 1995 bin ich mit Frauke auf Cat Island, eine der 49 bewohnten Inseln der Bahamas. Völlig einsam, keine Touristen, fast nur Einheimische, endloser Strand, endloses Meer – beide unberührt. Mein Vorsatz schon vor der Abreise: in den Ferien nur Gegenwart! Wir vertiefen uns in Heideggers Vorlesung *Was heißt Denken?* und entwickeln unten aufgeführte Regeln aus dem Text. *Und* wir halten diese Regeln ein, was erst schwierig war, dann leichter und schließlich unverzichtbar wurde, weil sie uns halfen, bei uns selbst zu bleiben beziehungsweise zu uns zu kommen.

»Verboten«:
- Irgendwelche **Stories** aus dem eigenen Leben erzählen (auch wenn sie noch so lustig sind; Schnee von gestern, Zeug aus der

Erinnerungskonserve, das meist mit Zusatzabsicht und nicht nur um des Erzählens willen erzählt wird. Statt dessen lieber Zusatzabsicht, falls vorhanden, erspüren und die zum Ausdruck bringen ⇒ fällt meist unter Befindlichkeit)

- Alle **Kommentare zum sowieso Offensichtlichen**. Zum Beispiel die am Strand liegende, angeschwemmte, riesige Qualle nicht mit der Bemerkung: »Guck mal, eine Qualle« bewerten.
- Alle **festlegenden Äußerungen** wie zum Beispiel »Ich esse nie Marmeladenbrote«, oder »Du bist doch Frühaufsteher«. (Solche Äußerungen fixieren Gewesenes und erschweren den Veränderungsfluß.)
- Alles Rumanalysieren in bezug auf die eigene Person oder die Gesprächspartnerin; also **»Psychologisierpröll«** weglassen (weil er den Moment verhindert, tanzen auf der Kopfplatte)
- Alle Aussagen über **Abwesende**, außer Phantasiegeschichten über Leute im gegenwärtigen Umfeld
- Alle **Assoziationen**, zum Beispiel nichts über andere Quallen erzählen oder über die Quallensuppe für Gourmets etc. (bringt weg vom Moment, vom nunc stans, wie Heidegger sagt, und ist meist langweilig)
- Alle **Kommentare** zur schönen Natur, weil dadurch das Erleben in den Verstand, in die Abständigkeit und Dualität gerissen wird.

»Erlaubt«:

- Alle Aussagen zur jeweils gegenwärtigen **Befindlichkeit**. Auch zum Beispiel erzählen (!) dürfen, daß ich beim einsamen Strandspaziergang fast umgebracht worden wäre, weil das noch ganz aktuell nachwirkt. (Aufpassen, daß keine anderen »Mord- oder Gefahrgeschichten« angehängt werden!)
- Alles, was zur **unmittelbaren Alltagsbewältigung oder -gestaltung** gehört, zum Beispiel, ob in der grünen Schüssel die Wäsche gewaschen werden soll; ob ein zweites Frühstück fällig ist etc.
- Alle Formen des **Quatschmachens**, Spinnens in der Gegenwart
- **Spielen** und lachen in jeder Form
- **Wesentlicher Gedankenaustausch** oder gedankliche Vertiefung (den gesamten Meinungskram wie zum Beispiel Atomstrom ja

oder nein, Vor- und Nachteile des Fernsehens, Segeln bis zur Windstärke x oder y usw. weglassen!).

Für uns war faszinierend zu sehen, daß all die »Regeln«, um deren Einhaltung wir uns anfangs noch bemühten, zum **Bedürfnis** wurden und sich selbstverständlicher als alles Pseudogelaber oder verwester Erinnerungsstoff anfühlten. *Wie* toll es ist, in der Gegenwart zu leben anstatt im aufgewärmten Wissen oder in der aufgewärmten Vergangenheit! Vor der Reise kannte ich Frauke kaum, und hinterher war sie mir so vertraut, wie sie mir nie hätte sein können, wenn sie mir jede Sekunde ihres Lebens erzählt hätte. Ich bin dankbar für diese Erfahrung und weiß, die »Regeln« funktionieren und zeigen schon nach kurzer Anwendung ihre befreiende Wirkung. Wichtig, wie bei allem, ist natürlich, die Sache spielerisch anzugehen, nicht verbissen, sich zum Beispiel keine Minuspunkte zu geben, wenn man versehentlich über eine abwesende Person nicht phantasierend, sondern »ernsthaft« gesprochen hat.

Wegen des Spaßes und der Wirksamkeit sind die Bahamas-Regeln integrativer Bestandteil meiner Sommerakademie geworden. Und meines Lebens!

Haß

Was ist Haß? Haß, im Gegensatz zu Liebe, können wir leicht definieren, indem wir die Umkehrung einer Definition von Liebe vornehmen. Die Liebe sagt: »Gut, daß es dich gibt«, und der Haß sagt: »Oh, wenn es dich bloß nicht gäbe.« Also so wie die Liebe eine Daseinsbestätigung ist, will der Haß eine Daseinsauslöschung sein. Im Haß kann ich so intensiv auf jemanden bezogen sein, wie ich es in der Liebe bin. Nur, daß ich im Haß meine eigenen Energien im Stau habe, anstatt sie wie in der Liebe im Fluß zu haben. Deshalb ist es gut, mit dem Haß umzugehen, um nicht im Stau zu bleiben. Mit dem Haß umgehen heißt: ich schaue mir den Stau an, ich schaue mir an, in welcher Weise ich die gehaßte Person zum Sündenbock gemacht habe, um selbst nicht auf eine Handlungskonsequenz kommen zu müssen. Nach dem Motto: »Es ist leichter, dich zu hassen, als mich von meinem Sündenbock über meine Schattenanteile belehren zu lassen.« So hasse ich dich zum Beispiel, weil du immer in der Nase bohrst, und bemerke nicht, wie sehr ich darunter leide, daß ich mir selbst »körperliche Saloppheiten« verbiete.

Mit Partnern werden die Kindheitsthemen besonders leicht wiederholt. Ein Kind ist total abhängig von der Zuwendung der Eltern und kann deshalb auch Lücken in der Versorgung als existentiell bedrohlich, als »Ich soll nicht sein« erleben. Und ein Partner muß dann nur eine verletzende Fresse ziehen, und schon, weil es eben auch eine so enge Beziehung ist, können wir uns in unserer Daseinsberechtigung bedroht fühlen.

Wir haben nicht gelernt, auf eine gute Art mit Unliebsamem, Ungerechten umzugehen. Wir stauen es an. Dem Haß geht oft die Unfähigkeit voraus, auf die richtige Art im rechtzeitigen Augenblick klare Worte zu sprechen. Weil dieser rechtzeitige Zeitpunkt verstreicht, ist dann irgendwann später nur noch die Unfähigkeit breit da. Haß ist in dem Sinne auch ein Versagen im Kontakt. Eine Spielart dieses Versagens ist das Eingehen falscher Kompromisse, die vorzüglicher Treibstoff für Haß sind. Zu den besonders heimtückischen Kompromissen gehört zum Beispiel das falsche Mitleid, weil da die Gefahr des Sich-selbst-Überspringens sehr groß ist. Und so kann dann vermeintliches Wohlmeinen – eben »Mitleiden« – in Haß umschlagen.

Und was steckt hinter dem Selbsthaß? Selbsthaß heißt: ich wünsche, daß *ich* nicht bin, ich will die eigene Existenz nicht. Wie es dazu kommen kann: Hierzu kommt es bei ganz geringem Selbstwertgefühl und ganz geringer Selbstakzeptanz, die jegliche Freude und jeglichen Genuß untergraben können. Wer zum Beispiel in der Kindheit das Gefühl hatte, von andern gehaßt worden zu sein oder nicht erwünscht gewesen zu sein, der münzt diese Einstellung ihm gegenüber folgendermaßen um: Weil die mich nicht wollten, kann ich auch nichts wert sein. Und wenn ich nichts wert bin, dann will ich auch nicht sein. Fremdablehnung wird zur Selbstablehnung.

Solche Menschen suchen dann Partner/Innen, durch die sie erfahren, daß sie eben doch gewollt sind. Diese Partner tragen dann gewissermaßen die Last, den Selbsthaß permanent aufheben zu müssen. Sie werden dadurch extrem wichtig und müssen noch die Eifersucht ihrer selbstwertamputierten »Schützlinge« aushalten. Dadurch sind sie häufig derart überfordert, daß sie die Beziehung nicht aufrechterhalten können, was dem Selbsthasser wieder die Bestätigung liefert: Aha, ich bin nicht erwünscht.

∞ *Mit jedem Haß hasse ich mich selbst.*
∞ *Jeder Groll ist Selbstvergiftung.*
∞ *In jedem Haß steckt eigene Energie.*
∞ *Eine Drohung ist eine Art Versprechen mit umgekehrtem Vorzeichen.*
∞ *Haß ist umgekippte Liebe. Leute, die mir egal sind, für die mache ich gar nicht so einen emotionalen Aufwand.*
∞ *Verletzte schlagen um sich.*
∞ *Haß ist immer Selbsthaß und geht nach innen, Liebe immer Selbstliebe und geht nach außen.*
∞ *Antipathien sind Illusionen und doch real da.*

INTEGRATIONSFRAGEN:
- Wen hasse ich? Seit wann?
- Welche (heimliche) Wichtigkeit hat die gehaßte Person?
- Könnte ich ihr das sagen?
- Was ist das Unerledigte in dieser Haßbeziehung?
- Will ich es erledigen?
  * Wenn ja: Wie?
  * Wenn nein: Was bringt mir das Weiterhassen?

Haßerklärung

Geliebter von einst,
weißt du noch
unser anfängliches Sehnen?
Wieviel Platz wir füreinander hatten?
Wie wir uns liebten?

Ganz allmählich habe ich den Platz für dich verdoppelt.
Erinnerst du dich,
wie wir nur noch zur See fuhren,
weil du so gerne segelst?
Wie wir nur noch deine Freunde besuchten?
Nur noch deine Musik hörten?
Nur noch über dich sprachen?
Nur ich noch deinen Hund versorgte?
Erinnerst du dich,
wie ich schließlich nur noch Platz für dich aufbrachte
und keinen mehr für mich?

Du wurdest Gefangener meines Platzes:
beide erstarrten wir.
Aber jetzt – endlich –, Geliebter von einst,
jetzt hasse ich dich!
Und mein Haß verbrennt
unsere Starrheit, deine Gefangenschaft, meinen Platzmangel …

Heilung

Heilwerden heißt Ganzwerden. Ich unterscheide zwei Heilungskategorien:

1. **Die kleine Heilung,** bei der ich ein wenig heiler werde, indem etwas Abgespaltenes wiedergewonnen wird, indem zum Beispiel eine in der Kindheit verbannte oder vereitelte Fähigkeit wiederauflebt und so wieder in meine Gesamtpersönlichkeit integriert wird. Mit jedem Integrationsschrittelchen werde ich ein Stückchen heiler und ganzheitlicher. Mit dem Fallenlassen jeden Kampfes und Widerstands gegen mich selbst geschieht Integration, und das heißt Heilung. Immer, wenn ich zu dem stehe, was bei mir gerade ist, verringert sich der Abstand zu mir selbst, und auch das ist jedesmal ein Bausteinchen im Heilungs- und Integrationsprozeß.
2. **Die große Heilung,** bei der ich völlig zu mir komme, alles integriert ist, weil ich mich mit nichts mehr auf Abstand halte, weder durch nicht gelebte Möglichkeiten noch durch Ressentiments, Groll, Ängste oder fixe Vorstellungen. In einem solchen ganzheitlichen Zustand gibt es einfach keine Landefläche für seelisches oder körperliches Leiden.

Alles, was die kleine Heilung fördert, dient auch der großen Heilung und umgekehrt. Welche Therapieform wir auch wählen, alles, was zu unserer Ganzwerdung beiträgt, ist kostbar, alles, was Spaltung und Verdrängung begünstigt, ist Zeit- und Energieverschwendung. Was immer unsere Religion auch sei – sie taugt, wenn sie uns an uns rückbindet; ein Anliegen, das bereits in dem Wort »religio« = Rückbindung ausgedrückt wird. Das gleiche gilt für unsere Partnerschaften, unseren Beruf, für sämtliche Bezüge und Aktivitäten in unserem Leben: alles, was uns zu uns vermittelt, fördert Heilung und Ganzwerdung; alles, was uns von unserem eigentlichen Kern und das heißt unserem innersten Wohl- und Ruhigbefinden abtreibt, fördert Spaltung und Elend.

∞ *Das Unglück ist steigbügeliger als das Glück.*
∞ *Verbotenes tun, ist unwahrscheinlich therapeutisch.*
∞ *... dicht am Leben bleiben in der Zwickmühle ...*
∞ *»Ich habe gewählt, nichts zu verändern« – das ist die minimalste Veränderung, die sich jeder leisten kann.*
∞ *Immer am Teufel entlang ...*
∞ *Der beste Ausstieg ist Verzicht auf Sicherheit.*
∞ *Alles wird friedlich, wenn es den richtigen, ihm gemäßen Platz hat.*
∞ *Alles, was ich beim anderen hervorlocke, müßte ich selbst leben.*
∞ *Wer das Wünschen lernt, erhöht sein Gespür für die eigenen Bedürfnisse.*
∞ *Wünsche erkennen und äußern, ist ein guter Zubringer zu sich selbst.*
∞ *Im Kopf passiert nie Heilung.*
∞ *Wenn einer ein Schuft ist, dann prinzipiell der andere. Das ist nicht die Endlösung, aber ein Schritt in Richtung Wahrheit. Die Endlösung ist, keiner ist ein Schuft.*
∞ *Sichdurchsetzen ersetzen durch Sichausdrücken.*
∞ *Jeder verstandene Umweg kann zur Abkürzung werden.*
∞ *Die Leiderfahrung kickt uns in die Heilung.*
∞ *Alle Unbilden wollen uns einen Kick geben.*
∞ *Der spannendste Trip ist der Trip zu sich selbst; alles andere sind Ersatzreisen.*
∞ *Wer je die Hölle ausprobiert hat, merkt, daß sie im Vergleich zur Vorstellung von ihr nur ein Whirlpool ist.*
∞ *Die Hölle ist der Steigbügel ins Paradies.*
∞ *Verantwortung für sein Leben zu übernehmen heißt, mit der Selbstsabotage aufzuhören.*
∞ *Die Veränderung, die beim anderen erwirkt wird, muß Nebenziel sein.*
∞ *Gescheite Therapie ist so überraschend und verblüffend wie unsere Träume.*

- *Was uns heilt, ist die Realität.*
- *Auf der Spur der Lösung wird gelacht.*
- *Am Unbehagen entlang auf die feinsten Ausläufer von Schicksal reagieren!*
- *Klein anfangen hat den Vorteil, daß überhaupt angefangen wird. Mit jedem kleinen Schritt kommt Power.*
- *Dich selbst nehmen, wie du gerade bist, das ist die Heilung.*
- *Es ist ein Irrtum zu denken, wenn meine Arbeit doof ist, sollte ich nie mehr arbeiten. Oder, wenn mir meine Hose nicht gefällt, sollte ich nackt rumlaufen. Die Lösung ist oft schräg versetzt.*
- *Alle Richtungen sind drin. Hauptsache du gehst und bewegst dich in eine Richtung. Dich aus deinem Muster herauszubewegen, ist die größte Bewegung.*
- *Nur was ich konkret mache, wirkt sich aus.*
- *Wachstum geschieht von selbst, und ein bißchen Geburtshilfe ist möglich.*
- *Durch Weinen bringe ich, was starr war, wieder in Fluß. Mit jeder Träne stehe ich zu mir.*
- *Aus jedem Erfolg wächst ein neuer Erfolg.*
- *Jeder Mißerfolg ritzt die Mißerfolgsschiene tiefer.*
- *Das ist der gute Erfolgstrip: daß etwas erfolgt ist.*
- *Der Kapitalirrtum ist zu meinen, daß Therapie machbar sei. Therapie geschieht.*
- *Übertreiben bringt mich in die gute, gesunde und ruhige Mitte.*
- *Sich seine Macke mal zu gönnen, kann extrem heilsam sein.*
- *Ich ziehe um in die reale Welt, raus aus meinem Film, und schon bin ich gerettet.*
- *Indem ich zu mir stehe, löst sich das mich Belastende schon ein Stückchen auf.*
- *Ich bin erst wirklich gesund, wenn ich dafür dankbar bin.*
- *Zu zeigen, was ist, ist die beste Therapieschiene.*
- *Lebe, als wenn es normal wäre, normal zu leben.*
- *Die Heilung liegt jenseits der Letztverschlimmerung.*
- *Eine kleine Lösung wirkt mehr als die Konzentration auf hundert ungelöste Sachen. Eine kleine Lösung dehnt sich aus.*
- *Tränen sind kein Indiz für Leiden, sondern für Lösung.*
- *Das Heilsame für uns wäre zu tun, was wir uns nicht trauen.*

∞ *Aufzuhören, die Heilung zu forcieren, das hilft.*
∞ *Gegensteuern bringt selten echte Heilung.*
∞ *Sichtbarmachen heilt.*
∞ *Gewissensumerziehung ist das Ziel aller Therapie.*
∞ *Permanente Selbstbildkorrektur ist heilsam.*
∞ *Sinnvolle Therapie ist im Einklang mit mir und nicht gegen mich.*

INTEGRATIONSFRAGEN:
- In welcher Hinsicht bin ich nicht heil?
- Was genau fehlt mir?
- Wie ließe es sich ergänzen?
- Was für eine Art Mensch wäre ich, wenn ich heil wäre?
- Was könnte ich tun oder lassen, um mein Leben gemütlicher zu machen?

Hoffnung

Was heißt es,
wenn wir das Unmögliche hoffen,
und es trifft nicht ein –
wenn der Geliebte nicht zurückkommt,
wenn der Kranke nicht gesund wird,
wenn der Tote nicht wieder lebendig wird?
Was heißt es,
wenn Not anlacht gegen unser Hoffen?
Was heißt es,
wenn unsere Liebe vergeblich wünscht, wartet, hofft?
Was heißt es,
wenn wir nicht glücklich leben und gleichzeitig hoffen,
niemals sterben zu müssen?

Es heißt immer,
daß unsere kleine Liebe im Hoffen gegen den Strom
die große Liebe verpaßt.

Und was heißt es,
wenn die Geliebten kommen,
die Kranken gesund und
die Toten lebendig werden?
Das heißt, wir haben nicht gehofft,
sondern in der großen Liebe gelebt.

Helfersyndrom

Helfen mißlingt, solange wir glauben, wir wüßten, was für andere gut ist, und es mißlingt, solange wir glauben, irgend jemand irgend etwas abnehmen zu können: Jeder muß sein Leben leben, seinen Tod sterben, seine Schmerzen und Freuden fühlen. Es ist beleidigend und schwächend, andere in irgendeine Richtung lenken zu wollen. Oft sind es die fundamental Hilflosen, Ohnmächtigen und Richtungslosen, die zum Beispiel die Ohnmacht anderer nicht ertragen, weil sie an ihre eigene gemahnt, und die dann diesen Ohnmächtigen eine Richtung aufdrücken wollen, um die eigene Hilflosigkeit nicht zu spüren. Es ist immer verdächtig, wenn Veränderungswille und »Verbesserungsvorschläge« auf *andere* angesetzt werden. Wer die eigene Befindlichkeit überspringt, steht natürlich in der Gefahr, auch die anderer zu überspringen. Wer von einem derartigen Helferwillen beseelt ist, kann sicher sein, daß sein eigenes Ganzsein auf der Strecke geblieben ist – und zwar genau in dem Ausmaß, in dem er anderen sein Hilfsprogramm überstülpt.

Helfen gelingt, wenn wir glauben, jeder habe seine eigenen Lösungen und Antworten in sich. Es gelingt, wenn wir andern soviel Raum im Gespräch und unserem Herzen geben, daß sie ihre eigene Richtung entdecken können.

Wenn wir uns selbst helfen und uns unsere eigene Richtung erlauben, werden wir ganz. Wenn wir dann ganz sind, sind wir auch **ganz anders** und lieben, was immer bedeutet, den andern ihre Richtung zu lassen.

∞ *Wenn ich frustriert bin, daß der andere meine Hilfe nicht annimmt, bin ich im Helfersyndrom.*
∞ *Jeder Löffel jenseits der absoluten Hilflosigkeit ist zuviel (gemeint ist: der Löffel, mit dem gefüttert wird).*

- ∞ *Das schwere Los des Helfers: der Undank derjenigen, die er in die Schwäche gedrückt hat.*
- ∞ *Verlasset die Helfer, denn sie profilieren sich nur an der Schwäche des anderen.*
- ∞ *Aushalten, daß es Leid gibt, das können die Helfer nicht.*
- ∞ *Wirklich helfen kann ich nur, wenn mir selbst schon geholfen ist.*
- ∞ *Jede Art von Trost, die ich nicht erbitte, ist eine Beleidigung.*
- ∞ *Tränen sind Leidauflösungssaft. Daher ist eine bestimmte Art des Tröstens bekloppt, weil wir mit Trösten oft die Tränen wegmachen wollen.*
- ∞ *Echtes Helfen bedeutet, ich lege frei, was da ist, und nicht: ich lege was dazu.*
- ∞ *Wenn die Mitleider mehr leiden als wir selbst, dann erreicht der Ekel den Gipfel.*
- ∞ *Was über den Anstoß hinausgeht, ist Helfersyndromdreck. Es geht um Starthilfe und nicht um Durchschleppen.*
- ∞ *Die Kranken und Depressiven sind dazu da, daß wir sie belasten. Das Schonen schwächt sie noch mal. Wenn wir ihnen etwas zumuten, werden sie stärker.*

INTEGRATIONSFRAGEN:
- Wem helfe ich, *ohne* einen Ausgleich zu bekommen?
- Was ist dennoch mein »Gewinn«?
- Wie könnte ich mir diesen »Gewinn« anders verschaffen?

Ideale

Für unsere Ganzwerdung ist es besonders förderlich, alle Ideale aufzugeben. Ganz- und Heilwerden bedeutet zusammenzuwachsen, zu integrieren, zu sich hin zu wachsen. Es liegt in der Natur von Idealen, daß sie ewig außer Reichweite sind; das heißt, sie fordern uns geradezu auf, von uns weg zu »wachsen«. Im Vergleich zu unseren Idealen sind wir *immer* irgendwie im Rückstand, sonst wären es keine Ideale. Ideale lassen uns also permanent einen Mangel spüren und wollen uns ständig anders, als wir sind. Deshalb rücken wir bereits durch die Aufgabe aller Ideale näher an uns selbst heran, bejahen uns mehr und reduzieren den fruchtlosen Entwicklungsstreß in Richtung Ideal. Wir werden durch die Beerdigung unserer Ideale mehr und mehr **ganz** und natürlich auch **anders**.

Keine Ideale mehr zu haben, bedeutet nicht, keine Ziele mehr zu haben. Im Gegenteil! Es geht darum, sich all seine Ideale zu vergegenwärtigen und sie dann durch reale Ziele zu ersetzen.

- ∞ *Mit jedem Ideal will ich aus der Verletzung fliehen, anstatt mich ihr zu stellen.*
- ∞ *In der Bemühung, ein Ideal zu erreichen, vergewaltige ich mich selbst.*
- ∞ *Alle Ideale sind eine Behinderung.*
- ∞ *Treibstoff für das Unglück sind Ideale und Ansprüche.*
- ∞ *Jedes Ideal züchtet das Gegenteil im Untergrund.*
- ∞ *Jedes Ziel hat nur den Sinn, mich in Bewegung zu setzen.*
- ∞ *Konsequenz ist hinderlich.*
- ∞ *Jede Entscheidung gilt nur für den Augenblick, das heißt, im nächsten Augenblick kann ich neu entscheiden.*
- ∞ *Wenn ich ein Ziel mit verbissener Konstantheit erreichen will, fördere ich Gicht.*

- ∞ *Alle Ziele sind bereits erreicht; nur weiß ich es noch nicht.*
- ∞ *Ziele zu hoch anzusetzen, ist ein guter Trick, sich zu verhindern.*
- ∞ *Je angestrengter wir uns bemühen, um so weniger kann sich ereignen.*
- ∞ *Vollkommenheit ist langweilig; wer total lebt, hat sie überwunden.*
- ∞ *Ich nähre meinen Grollhaufen durch mein göttliches Einpendeln zum »Guten«.*
- ∞ *Mit dem falschen Wunsch klinkst du dich in den Irrtum ein.*
- ∞ *Prüfungen zu bestehen, ist nicht so wichtig.*
- ∞ *Ziel allen Suchens ist zu erkennen, daß wir nicht zu suchen brauchen.*
- ∞ *Du brauchst nicht über dich hinauszuwachsen, nur zu dir hin.*
- ∞ *Der verdrängte, gesunde Egoismus führt zu krassem Egoismus.*
- ∞ *Wer stolz ist auf seine Ideale, motzt sich künstlich auf.*

INTEGRATIONSFRAGEN:

- Welche Ideale habe ich?
- Durch welche realen Ziele könnte ich sie ersetzen?
- Wie sieht der erste Schritt zu dem jeweiligen Ziel aus?
- Wann gehe ich ihn?

Meine letzten Ideale

Zufriedenheit, wunschloses Glücklichsein,
das Leben nehmen, wie es ist, ohne passiv zu sein,
wenigstens aus allem lernen,
absichtslos mit der Gegenwart fließen,
möglichst permanente Wachheit

– sie aufzugeben schien so dumm, wie
Heimat und Bestimmung aufzugeben.
Entlastend, sie dennoch aufgegeben zu haben,
wie ein Baum seine Früchte,
um leichter zu sein
und bereit für Neues.

Integration

Zur Hoffnung verdammt?

Wir erhoffen immer das, was uns fehlt. Im Hoffen sind wir in die Zukunft und nach außen gewandt. Wer hofft, bejaht nie das, was gerade ist. So wird die einzige Zeit des Lebens, nämlich die Gegenwart, übersprungen, und das heißt: wir überspringen uns selbst beim Hoffen, indem wir uns selbst nicht voll zulassen. Da soll was *anderes* her, um unser Leben besser, leichter oder schöner zu machen. Und dieses andere – steht es für ein tatsächliches oder für ein eingebildetes Manko? Wer oder was in uns hofft eigentlich? Und wie versuchen wir, unsere Hoffnungen wahr zu machen und unsere Wünsche zu erfüllen? Sind wir wirklich erfolgreich dabei? Gibt es einen wirklich effizienten Weg zur Erfüllung – jenseits allen Hoffens?

Hinter jeder Hoffnung verbirgt sich ein Bild vom besseren, mankofreien Zustand oder Leben. Wer oder was erzeugt dieses Bild? Es ist der Verstand mit seinem Hauptjob, uns zu schützen und vor Verletzung und Untergang zu bewahren; ferner mit seinen eingebauten Wertvorstellungen, seinen Idealen, seinem Besserwissen und Rechthabenwollen. Die schon ausgeführten Merkmale des Verstandes (vgl. Vor- und Ausläufer der Erleuchtung, Seite 40) zeigen sich ganz deutlich beim Hoffen: nämlich seine Abwendung von der Gegenwart und die permanente Abständigkeit von dem, was gerade ist, also von der Wirklichkeit. Und hier passiert etwas sehr Verrücktes: durch das Hoffen selbst halten wir das Erhoffte auf Abstand! Genau das ist die Heimtücke des Verstandes. Er verhindert (und »er« – das sind wir[!], solange wir mit ihm identifiziert sind!) die unmittelbare Erfahrung unserer immer schon vorhandenen Ganzheit und Integriertheit. Das Wahnsinnige ist also, daß wir ständig bemüht sind, das, was wir ersehnen oder erhoffen, auf Abstand zu halten.

Drei Königswege zur Integration

1. Ich beschaffe mir selbst tatkräftig, was mir fehlt, sei es auf Äußeres bezogen oder auf Inneres, zum Beispiel Fähigkeiten oder Wissen (anstatt auf Partner zu warten, die über das verfügen, was mir fehlt [= Projektion] und anstatt zu beten, auf daß Gott von außen einspränge).
2. Ich beende meine Selbstverhinderung und beginne ein Leben in der Gegenwart, indem ich die Mechanismen meines Verstandes durchschaue und durch ständiges Bezeugen (= nicht wertendes Letztspiegeln dessen, was er ununterbrochen produziert) die Identifikation mit ihm lockere, um sie schließlich ganz aufgeben zu können; was letztendlich bedeutet: ich finde mich glückselig und integriert in diesem Aufgegebenhaben.
3. Ich begreife, daß mir gar nicht fehlt, was mir zu fehlen scheint. Beispiele:
   Ich hoffe, daß aus meinen Kindern was wird. (Ich realisiere, es ist schon was aus ihnen geworden; es sind meine Kinder, und das reicht.)
   Ich hoffe, daß ich nach dem Tod weiterlebe. (Ich realisiere, daß ich jetzt lebe, vor dem Tod, wie gut!)
   Ich hoffe, daß ich einen Menschen finde, den ich total lieben kann. (Ich realisiere, daß es bereits Menschen gibt und ich liebesfähig bin.)

PS. Das Befürchten ist übrigens die miese Ausgabe vom Hoffen. In seiner generellen Bauart ist es ganz genauso.

∞ *Beste Art von Exorzismus: Nimm das an, was du loswerden willst.*

∞ *Dadurch, daß wir die Tür zulassen, ändert sich nicht, was hinter ihr ist. Zwecks Blickfelderweiterung und Belüftung lohnt sich das Öffnen.*

∞ *Dankbarkeit ist ein Gefühl, das sich zu kultivieren lohnt.*

∞ *Jedes Leid hat das Ziel, in die Integration zu führen.*

∞ *Mit dem Groll verhindere ich die Integration.*

- ∞ *Jede Aussöhnung ist ein Stück Integration. Das ist geradezu ein Naturgesetz.*
- ∞ *Im Beruf ist nichts möglich, außer dem, was du für möglich hältst.*
- ∞ *Wenn integriert, dann kein Drama.*
- ∞ *Wenn ich mich dem Ausgeklammerten widme, wird was Neues möglich.*
- ∞ *Jemanden aufnehmen, ist auch eine Form von Integration.*
- ∞ *Wer ausgeklammert wird, kann nur noch um sich schlagen. Der Ausgeklammerte macht alles, bloß um wieder einen Ausgleich herzustellen.*
- ∞ *Wer integriert ist, hofft und befürchtet nichts mehr, sondern genießt, was ist.*
- ∞ *Du besitzt nur das, wofür du dankbar bist.*
- ∞ *Ganzwerden kann ich nicht, indem ich mich von außen ab-, auf- oder nachfüllen lasse.*
- ∞ *Integration ist die Folge der richtigen Handlungskonsequenz.*

INTEGRATIONSFRAGEN:

- Habe ich die drei Königswege zur Integration ernsthaft **für mich** in Erwägung gezogen?
- Wie ließe sich mein Leben durch sie klären?
- Bete ich, bevor ich meine Möglichkeiten ausgeschöpft habe?

Bewunderung

Meine Bewunderung für dich
entfacht das Wunder, das Wunderbare in mir,
läßt mich ahnen,
daß auch ich Flügel haben könnte –
zunächst in deinem Wind,
dann im Wind meiner Liebe zu dir,
dann nur noch Liebe
und fliegen.

Unterschied zwischen Bewunderung und Neid: In der Bewunderung lasse ich mich heben und treiben im Wind deiner Fähigkeiten. Neid ist pervertierte Bewunderung: Ich zersetze in mir selbst die Möglichkeit, deine Fähigkeiten zu entwickeln oder zu genießen.

je – desto

Bei »je-desto« handelt es sich um satzeinleitende Partikel, die einen inneren Zusammenhang, etwa eine Kausalität, der beiden aufeinander bezogenen Satzteile herstellen; zum Beispiel: Je x, desto y. Die Qualität oder das Ausmaß von x bestimmt Qualität und Ausmaß von y. Meist ist es so, daß uns eine Komponente – also entweder x *oder* y – spürbar ist. Untersuchen wir als Beispiel den Satz: *Je höher das Ideal, desto höher der Frust*, dann stellen die meisten fest, daß der Frust viel unmittelbarer ins Erleben tritt als das Ideal. Der Zusammenhang zwischen beiden läßt sich vorzüglich für unser Ganzwerden ausschlachten: anstatt nämlich gegen den so unliebsam spürbaren Frust anzukämpfen, können wir uns um das weniger spürbare Ende kümmern und unsere Ideale überprüfen und zur Frustlinderung runterschrauben. So gelingt uns Änderung durch »schräg versetztes« Lösen. Für unser Anderswerden ist es also günstiger, am erlebnismäßig unaufdringlicheren Ende der Je-desto-Aussage anzusetzen.

∞ *Je kontaktunfähiger, desto anlock.*
∞ *Je langweiliger das Leben, desto Krimikonsum.*
∞ *Je mehr ich abwehre, desto unglücksbereiter bin ich.*
∞ *Je größer der Schmerz, desto größer die Gegenwart.*
∞ *Je mehr ich durchschaue, desto aussteig.*
∞ *Je mehr ich anstaue, desto mehr Sündenböcke brauche ich.*
∞ *Je ungelöster die Elternbeziehung, desto Projektion.*
∞ *Je intimer die Beziehung, desto höher die Gefahr des Wiederholens von Altlast.*
∞ *Je starrer die Normen, desto ausbrech.*
∞ *Je starrer gelebt, desto Karneval.*
∞ *Je glitzer, desto frigide.*
∞ *Je aufdonner, desto Frust.*

- *Je länger das Unglück währt, desto weniger habe ich es angenommen.*
- *Je totaler gelebt, desto geringer wird die Angst vor dem Tod.*
- *Je indirekter der Kampf, desto mieser ist er.*
- *Je weniger Leben, desto sicherer.*
- *Je fester die Meinung, desto fester die Brille.*
- *Je mieser die Partnerschaft, desto sekundärer die eigene Natur.*
- *Je Repression, desto Pimmel.*
- *Je mehr du dich im Alterungsprozeß entknastest, desto mehr verjüngst du.*
- *Je mehr Sündenböcke, desto mehr Schicksal.*
- *Je mehr wir versuchen, die Dinge in den Griff zu bekommen, desto mehr entwinden sie sich unserem Griff.*
- *Je mehr wir nicht so werden wollen wie die Eltern, desto mehr werden wir wie die Eltern.*
- *Je weniger Projektion, desto leb.*
- *Je höher der Selbstwert, desto abgrenz.*
- *Je weniger du machst, desto mehr passiert.*
- *Je Hammer, desto weiterbring.*
- *Je mehr du die anderen kritisierst, desto wichtiger ist es, daß du deinen eigenen Psychohygieneprozeß förderst.*
- *Veränderung kommt von selbst. Je mehr wir sie erkämpfen und erkrampfen wollen, desto mehr entschlüpft sie uns.*
- *Je danebener, desto lach.*
- *Je integrierter, desto höher der Selbstwert. Je höher der Selbstwert, desto geringer die Eifersucht.*
- *Je schlimmer der Heuschnupfen, um so weniger Gefühl wird gezeigt.*
- *Je weniger ich mir gerecht werde, desto mehr Rechtsverfahren kommen ins Haus.*
- *Je naturreiner authentisch ich bin, um so weniger rutscht der andere in Ersatzreaktionen.*
- *Je vehementer das Ja-aber, desto abwehr.*
- *Je übertriebener der Verstand, desto Chaos. Je ruhiger der Verstand, desto Ekstase.*
- *Je abheft, desto wichtiger.*
- *Je blöder, desto aufschlußreicher.*

∞ *Je grapschiger die Mutter, desto cooler später ihr Sohn.*
∞ *Je authentischer, desto mag.*
∞ *Je tabu, desto Schicksal.*
∞ *Je integrier, desto Glück.*
∞ *Je geringer das Selbstwertgefühl, desto mehr geben wir.*
∞ *Je höher die Forderung, desto näher das Nein.*
∞ *Je bekloppter, desto Not.*
∞ *Je untergeordneter, desto krank.*
∞ *Je push, desto abwehr.*
∞ *Je heiliger die Fresse, desto Fäustchen in der Tasche.*
∞ *Je Erwartung, desto Wand.*
∞

INTEGRATIONSFRAGEN:

- In welchen Aussagen habe ich mich besonders wiedergefunden?
- Was sind die für mich günstigen Handlungskonsequenzen?
- Gibt es Aussagen, die mich verletzt oder geärgert haben?
- Die sind einfach falsch, und ich verwerfe sie getrost, oder?

Lachen

»Ihre Majestät verstehen den Prozeß des Lachens ganz besonders, denn Sie haben die Erfahrung gemacht, daß Sie im vielmaligen Ergriffenwerden von demselben, in den Abstand zu sich selbst gerieten, als welcher das typischste Merkmal des Lachens ist.« Hierbei ist der Begriff des Abstands zu differenzieren:

Im Lachen nehmen wir erstens **Abstand** von unserer ichhaften Egostruktur, bestehend aus Schmerz, Vergangenheit, Lebensmustern, Erwartungen (= unerfüllte alte Bedürfnisse); kurz von unserem durchschnittlichen Alltagsbewußtsein.

Zweitens nehmen wir auch Abstand von der sogenannten Ernsthaftigkeit des Lebens. Im Lachen über das Leben und alle seine letztlich doch so komischen Begleitumstände gehen wir heraus aus der Identifikation mit den Vorder- und Oberflächen des Seins. So entsteht also zum einen ein Abstand von unserem Pseudoselbst und andererseits dem Pseudoleben. Umgekehrt formuliert können wir von einer zweifach gewonnenen **Nähe** sprechen: Nämlich **erstens** der Nähe zu unserem ursprünglichen, lebendigen Sein. Diese Nähe erfahren wir ganz unmittelbar durch das gute Gefühl, das – auch physisch – beim Lachen erlebbar ist. Wir könnten hier auch von der Nähe zu unserem eigentlichen Selbst sprechen. Insofern ist das Lachen ein guter Zubringer zur Selbstfindung. Hieraus ließe sich sogar eine Definition des Selbstes ableiten: Und zwar ist das Selbst das, was von mir bleibt, wenn ich lache. Hier mal genau für sich selbst spüren, wie voll und leer zugleich dieser Zustand ist (Fülle des Nichts). Voll ist er, weil wir uns von Lebendigkeit und Freude erfüllt fühlen, so als wenn nur Leben pur da wäre. Und leer ist er, weil eben der ganze Alltagskleinkram ins Bedeutungslose oder eben Lustige absinkt.

Und **zweitens** können wir von der Nähe zum uns Umgebenden sprechen, besser ist hier der Begriff des Verbundenseins. Ich bin immer unmittelbar mit denen verbunden, mit denen ich lache.

Fremdheitsgefühle, Andersartigkeiten, Unstimmigkeiten usw. haben im Miteinander – solange das Lachen währt – einfach keinen Platz. Es ist unmöglich, mit jemandem zusammen zu lachen und gleichzeitig gegen diesen Menschen zu sein.

Ken Wilbers genialen Entwurf vom Spektrum des Bewußtseins nachzeichnend, stoßen wir hier auf ein außerordentliches Phänomen: Nach Wilber faltet sich das Bewußtsein in immer weitere Dimensionen auf. Ganz eingeengt ist der Egobereich (Persona), dann als nächstes die *gesamte* Psyche und wieder als nächstes Psyche und Körper und in der Ausfaltung immer weiter bis in letzter Instanz, die von ihm so genannte Geistebene erreicht ist.* Diese Geistebene kennzeichnet absolute Unterschiedslosigkeit, absolutes Nichtgetrenntsein, wie es auch in der Nirwanavorstellung des Buddhismus anklingt. Es zeigt sich also, daß wir durch das Lachen nicht nur vorzüglich mit unserem eigentlichen Selbst verbunden werden, sondern auf eine ganz wesenhafte Weise auch mit den anderen und dem uns Umgebenden. Durch das Lachen bewegen wir uns also schnurstracks auf die Geistebene zu.**

- ∞ *Im Lachen löst sich Identifikation auf.*
- ∞ *Über sich selbst lachen, ist ein großes Stück Freiheit.*
- ∞ *Lachen unterdrücken ist Gotteslästerung.*
- ∞ *Das ganze Leben ist ein Humortraining.*
- ∞ *Wer lacht, ist nicht im Stau.*
- ∞ *Es geht im Leben darum, in den Witz zu kommen.*
- ∞ *Wer nicht lacht, ist immer im eigenen Blickwinkel verhaftet.*
- ∞ *Großes Wissenschaftsprojekt: Wer kann über was nicht lachen?*
- ∞ *Wer Angst hat, das Vertraute zu verlassen, lacht in der Regel weniger.*

---

* Vgl. Ken Wilber, Das Spektrum des Bewußtseins (Bern, München, Wien: Scherz Verlag, 1987).

** Auf der Vortragskassette *Wer zuletzt lacht, lacht zu spät* werden die positiven Auswirkungen des Lachens anhand spaßiger Köstlichkeiten aus der Weltliteratur direkt erfahrbar.

- ∞ *Leute, die keinen Humor haben, sind oft Typen, die etwas Starres, Einhaltendes haben.*
- ∞ *Ein Mensch, der nie lacht, ist seelisch krank.*
- ∞ *Wer über andere lacht, hat von anderen Abstand; wer über sich selbst lacht, der hat Abstand zu sich.*
- ∞ *Raus aus der Norm, rein ins Lachen.*
- ∞ *Seine eigene Rigidität zu unterwandern, das fördert die Lachbereitschaft.*
- ∞ *Wer null Abstand zu sich hat, kann nicht über sich lachen.*

Integrationsfragen:

- Wie oft lache ich?
- Worüber lache ich?
- Mit wem kann ich besonders gut lachen?
- Wann vergeht mir das Lachen?
- Was nehme ich zu ernst?
- Worüber könnte ich sozusagen trotzdem lachen? Wann fang ich damit an?

Leben

DER SPINN DES LEBENS

Auswandern – kein Wohin
Sinn suchen – keine Methode, kein Wo
erziehen – Wachstum sowieso
Besitz anhäufen – kein Gewinn
auf Zukunft bauen – ohne Wann
sich einrichten – kein Worin
Gott verehren – keine Nähe
alles denken – zu wenig
sich mühen – Selbstversklavung
sich verhalten – schon zuviel
verletzen, heilen, gebären, töten und alle Bewegung in Richtung und Gegenrichtung
bis am Ende der Zeit immer noch
genug übrig zu erfassen

den Sinn des Lebens:
sein

∞ *Das Leben findet im Alltag statt.*
∞ *Das neue Leben fängt im Alltag an.*
∞ *Das ganze Leben ist eine Aufforderung dranzubleiben.*
∞ *Das Leben ist umfassender als jede Disziplin.*
∞ *Die Gegenwart verhindern, heißt, das Leben verhindern.*
∞ *Besser heimlich gelebt als gar nicht gelebt.*
∞ *Sterben ist nicht schlimm; aber nicht leben ist schlimm.*
∞ *Das Leben ist zum Mitmachen da, nicht zum Machen.*
∞ *Wenn du anfängst zu leben, wird es spannender.*
∞ *Wer nicht lebt, kann nicht leben lassen. Wer voll lebt, kann voll leben lassen.*

- *Leben gelingt nur mit Hingabe. Ergebnisgeil zu sein, schließt Hingabe aus.*
- *Immer, wenn du dir im Sinne des Lebens einen Gefallen tust, ist das auch für dein Umfeld das Beste.*
- *Leben zu leben ist verlockend. Und Leben zu verpassen, gewährt Sicherheit. Es gibt immer die Wahl: sicher nicht gelebt oder unsicher gelebt.*
- *Das ist das Endziel: daß auch Arbeit und nicht nur Urlaub Leben ist.*
- *Alles, was sich staut, ist Nichtgelebtes.*
- *Was willst du? Willst du die Lebenszeit abspulen im Zwangslauf der eigenen Befangenheit, oder willst du dir ein Späßchen einbauen? Ich nehme das Späßchen mit allem Risiko. Ich bin einfach nicht korrekt, sondern lebendig.*
- *Das Leben vergibt keine Garantiekarten. Das ist der große Nachteil.*
- *Alles kann mächtiger werden als wir selbst, wenn wir es nicht leben.*
- *Taktlosigkeit heißt eigener Rhythmus. Eigener Rhythmus ist Spontaneität. Spontaneität ist Leben.*
- *Voll gelebt ist gut überlebt.*
- *Das Leben ist so einfach, wie wir es einfach sein lassen.*
- *Mit Logik ist das Leben nicht zu lösen.*
- *Aufs Leben zugehen, anstatt aufs Leben warten.*
- *Viele machen ein Drama, weil sonst kein Leben in ihrem Leben wäre.*
- *Der Streß, nur ja zu leben, ist das irrste Hindernis, weil wir ja sowieso leben.*
- *Höflichkeit ist Gift, weil sie unlebendig ist.*
- *Wer nicht hören will, darf leben.*
- *Der Sinn des Lebens kann sich nicht darin erschöpfen, sich von dem Unsinn der Welt zu lösen.*
- *Das Leben ist ein Kinderspielplatz – wer hier spielt, haftet für sich.*
- *Der Sinn des Lebens ist, es zu leben – sonst nichts.*
- *Unser Leben – ein Kreuzchen im Kalender der Ewigkeit.*
- *Der Tod hat was Aufdringliches – für Sterbende wie für Überlebende.*

- ∞ *Kleinigkeiten kleinhalten – das ist die Kunst des Lebens.*
- ∞ *Ich habe einen Tag aus meinem Lebenskalender gerissen und habe ihn mir gegönnt – ich habe ihn einfach nur gelebt.*
- ∞ *Sich heute nicht für morgen aufsparen!*
- ∞ *Der Sinn des Lebens liegt gewiß nicht im Aushalten des Unabänderlichen, sondern vielmehr im Abändern des Aushaltens.*
- ∞ *Leben ist etwas Sanftes, nur sich nicht leben ist brutal.*
- ∞ *Das Leben ist voller als alle Bücher.*

Integrationsfragen:

- Habe ich genug Mußestunden? Wie gestalte ich sie?
- Gibt es Bereiche, in denen ich ein extrem hohes Sicherheitsbedürfnis habe? Was steckt dahinter? Wie wäre ich, wenn ich ein bißchen draufgängerischer wäre? Will ich's probieren?

Spärlich

Wie's mir ginge, fragte jemand.
Ich lachte und antwortete:
»Ich lebe auf! –
und ab.

Ich lebe nur ab
und zu.«

Lösung

Es löst sich
der Wahn vom
Sinn
wie das Ich vom
Bin.
Es löst sich
vom Einen
der Partner.
Und im Andern
löst sich
das Eine,
denn es löst sich
das Ganze
vom Kleinen …
Es löst sich,
es läßt sich –
leben.

Leiden

Gott sagte: »Wenn Sie ganz schnell dreizehn Antworten auf die Frage *Was ist Leiden?* geben können, dann werden wir Sie befreien.« Und sie antwortete:

1. Leiden ist eine Form von Dummheit.
2. Leiden ist eine Art, am Alten festzuhalten.
3. Leiden ist Mangel an Phantasie.
4. Leiden ist ungewolltes Einrichten im Heimischen.
5. Leiden ist Verhinderung der eigenen Freiheit.
6. Leiden ist mißlingende Liebe.
7. Leiden ist Verweigerung der Alternative.
8. Leiden ist mangelndes Vertrauen, das auf äußere Sicherheit ausweicht.
9. Leiden ist der Glaube ans Unglück.
10. Leiden ist die Genugtuung der Verletzten.
11. Leiden ist die pervertierteste Form der Kontaktaufnahme.
12. Leiden ist eine Bestrafungsmaßnahme.
13. Leiden ist die unbefriedigendste Illusion.

Da zog Gott respektvoll seinen Hut vor ihr und wollte sie erlösen. Doch siehe, es war schon vollbracht.

∞ *Jede Verstellung ist ein Angriff auf das Sosein und knebelt das Sosein noch mal.*
∞ *Wenn Verletztheit an Verletztheit stößt, verabschiedet sich der Kopf.*
∞ *Einmal ärgern ist erlaubt. Alles, was darüber hinausgeht, ist Selbstvergiftung.*
∞ *Depression heißt Nachinnenschießen.*
∞ *Leiden schreit immer nach der Sinnfrage.*

- ∞ *Alles Chronische weist auf eine Leugnung und Mißachtung des Akuten, sowohl körperlich als auch psychisch.*
- ∞ *Symbiose ist eine Betäubung des Kindheitsschmerzes.*
- ∞ *Die ganze Miesigkeitspalette des Lebens will nur ein Kick sein zu etwas Besserem hin.*
- ∞ *In der Ohnmacht steckt immer der Wunsch nach Macht. Ohnmacht ist verdrängte Macht.*
- ∞ *Sparen als Selbstzweck ist immer eine Form von Selbstverhinderung.*
- ∞ *Streß entsteht durch Nichthingucken. Durch das Nichthingucken wird die Wunde offengehalten.*
- ∞ *Mit jedem negativen Gefühl vergiftest du dich selbst.*
- ∞ *Das Maximum an Verdrängung ist die Körperkrankheit.*
- ∞ *Wir klammern uns an das Leid, wie ein Ertrinkender an den Balken.*
- ∞ *Alles Leid kommt aus der Reproduktion der Vergangenheit.*
- ∞ *Nachtragend sein heißt, man trägt sich selbst die ganze Vergangenheit nach. Wer trägt? Der Nachtragende.*
- ∞ *Alle negativen Gefühle sind Ersatzgefühle für etwas, das ich nicht lebe.*
- ∞ *Wir strengen uns an, in der Abklemme zu bleiben; so verbringen wir unser Leben.*
- ∞ *Brüllendes Kopfweh heißt oft, ich habe zu lange gewartet.*
- ∞ *Jede Krankheit ist eine Hilfe der Natur.*
- ∞ *Mit dem Mitleid binden wir uns an den anderen.*
- ∞ *Mitleiden heißt, ich will dir tragen helfen.*
- ∞ *Nicht das Leben ist schlimm, sondern unsere Reaktionen darauf.*
- ∞ *Wenn ich in der Entlastung bin, kann es mir viel besser schlechtgehen.*
- ∞ *Jede Verwicklung nimmt mir Kraft für die Gegenwart.*
- ∞ *Das Elend fängt an, wenn wir vergleichen.*
- ∞ *Wir leiden immer am Nichtgesagten.*
- ∞ *Jahre des Leids erfordern nicht nochmals Jahre des Wiedergutmachens.*
- ∞ *Alles, was ich nicht erledigt habe, habe ich vor mir.*
- ∞ *Ein nicht zugelassener Schmerz ist immer da.*
- ∞ *Verachtung ist eigene Not, die sich am Bewußtsein vorbeischleicht.*

∞ *Jeder Schmerz, der uns zugefügt wird, basiert auf einem Mißverständnis.*
∞ *Leidensdruck und Verliebtheit pushen einen über die Schwelle von Angst- und Schuldgefühlen.*
∞ *Mit meinem Leiden bestrafe ich nur mich.*

INTEGRATIONSFRAGEN:

- Schaue ich mir mein Leid wirklich genau an?
- So genau, daß eine Handlungskonsequenz unvermeidlich ist?
- Welche?

Kündigung

Immerhin kann ich klar benennen, woran ich leide: nämlich an deinen ungerechten, verletzenden Bemerkungen, an deinem Schweigen und an deinem Leiden. Und ich weiß, was mich rettete: entweder, wenn mein Herz dir restlos kündigte, oder wenn ich meinem Leiden, meiner Reaktion auf dich, restlos kündigte. Beides bedeutete, daß du weniger bei mir landen könntest.

Ob du das willst? Wie lang noch brauchst du mich als Aufhänger für dein Leiden?

Und ich weiß auch, es ist längst an der Zeit, keine Fragen mehr zu stellen, sondern die Kündigung zu vollziehen.

Hiermit kündige ich also nach langem Warten, Wegschauen, Weiterhoffen und Ausprobieren meinem Leiden. Und wenn die spitzen Bemerkungen kommen, so laß ich sie dir – es sind ja *deine*. Ich werde sie nur noch bemerken, aber nicht mehr landen lassen. Ich weiß, daß du irgendeinen Grund für sie hast. Diesen *nicht* zu erfragen, zu erkunden, zu ergrübeln, ist Teil meiner Kündigung. (So werde ich sogar noch deinem Schweigen-Wollen gerecht.)

Liebe / Verliebtheit / Sehnsucht

Ereignis

Lustig im Gespräch
als deine Hand
mein Gesicht
und mir jedes Wort verlorenging
mein Körper an deinem erwachte
ich verlorenging
wo falle ich hin
wie heb ich mich auf
wenn versinkt letzte Unrast des Herzens

∞ *Sehnsucht hat immer ein Ziel.*
∞ *Gestillte Sehnsucht ist das Gefühl in der Nähe des Meisters, der Meisterin zu sein.*
∞ *Gestillte Sehnsucht – aus der Zeit gehoben sein, nichts mehr wollen.*
∞ *Verehrung ist eine nach innen gekehrte Bewunderung.*
∞ *Liebe: ohne Selbstaufgabe sich selbst im anderen spüren.*
∞ *Liebe ist glückliches Beisammensein: auch wenn der andere woanders ist.*
∞ *Liebe, die aus Unbegrenztheit kommt, kann niemals Pflichtprogramm sein.*
∞ *Die Sehnsucht der Verliebten geht nach außen, wo nach innen gemeint ist.*
∞ *Weil ich nicht wirklich an den anderen rankomme, schlackere ich mit dem Modeschmuck.*
∞ *In der Verliebtheit geschieht Bewußtseinserweiterung.*
∞ *In der Essenz ist immer die Einsamkeit.*

∞ *Jede Liebeserklärung ist eine Gegenwartserklärung und keine Zukunftsversicherung.*
∞ *Verliebtheit ist ein Naturtrip, mit dem ich leicht über meinen Schatten springen kann.*
∞ *Die Verliebtheit ist der erste Schritt in den Kosmos.*
∞ *Eine einmal erklärte Liebe, die auf ewig halten soll, erstickt.*
∞ *Perverserweise bekommt Liebe nur dadurch Konstanz, daß ich sie in der Gegenwart halte.*
∞ *Glücklich wirst du nicht durch Anstrengung, sondern durch Sehnsucht in die richtige Richtung.*
∞ *Wir brauchen für die gute Liebesbeziehung immer die Illusion, daß es jeweils die beste aller Beziehungen sei.*
∞ *Wenn du merkst, daß du nicht mehr du selbst bist, bist du im Mackenausgleichsverliebtheitssyndrom.*
∞ *Das Mackenausgleichsverliebtheitssyndrom hat nichts mit echter Liebe zu tun. Wir halten es aber immer wieder dafür; deshalb sind alle Beziehungen nicht erfüllend, die vom Mackenausgleichsverliebtheitssyndrom bestimmt sind.*
∞ *Liebe ohne Sehnsucht ist wie ein Leben ohne Bestimmung.*
∞ *Lieben heißt im Fluß sein; und wenn ich im Fluß bin, ist jede Beschränkung unmöglich.*
∞ *Jeder Mensch weiß, was Liebe ist, weil er die Kindheit überlebt hat.*
∞ *Entliebung ist wie eine kleine Depression.*
∞ *Wer sich liebt, ist mittendrin. Wer sich nicht liebt, trennt sich ab. Wenn du mittendrin bist, sind die anderen auch mittendrin.*

INTEGRATIONSFRAGEN:

- Wen liebe ich?
- Zeige ich meine Liebe in dem Maß, in dem ich sie spüre?
  - Wenn nein: Was hält mich ab?
- Wie könnte ich meine Liebe zeigen? (*Mir* und andern!)
- Und in wen oder was verliebe ich mich diese Woche noch? Zusätzlich sozusagen.

Lügen / Wahrhaftigkeit

»Du sollst nicht lügen.« Das klingt ein bißchen wie: Du sollst nicht denken, nicht entscheiden, keine Verantwortung übernehmen. Sag einfach, was ist, und laß dich richten. Heilsam wäre, sich selbst zu sagen, was ist, und sich nach sich zu richten. So näherten wir uns der Wahrhaftigkeit, die bedeutet, deckungsgleich mit sich selbst zu sein.

∞ *Eine verstandene Lüge ist dichter an der Wahrhaftigkeit als eine mißverstandene Wahrheit.*
∞ *Nur wer bewußt lügt, ist wirklich erwachsen.*
∞ *Jeder Geständniszwang will was vom anderen und hat kindliches Nörgeln im Hintergrund.*
∞ *Um dem andern* und *mir treu zu bleiben, muß ich mitunter die Unwahrheit sprechen.*
∞ *Du bist deiner Wahrhaftigkeit näher, wenn du nicht in die vergiftende Diskussion gehst.*
∞ *Im Angesicht der Komplexität muß Phantasie auf den Plan.*
∞ *Wer das Leben voller gestalten möchte, muß mitunter lügen.*
∞ *Die Wahrheit sagen, bedeutet ein Maximum an Kongruenz mit der inneren Realität.*
∞ *Damit beim anderen meine Realität ankommt, muß ich manchmal lügen. Im Einkalkulieren der Reaktion des anderen nähere ich mich dem Text, den ich dann produziere.*
∞ *Der Sinn der aktiven Lüge ist die Entkoppelung von der Moral, die uns das Hirn vermieft.*
∞ *Immer, wenn die Lüge im Spiel ist, ist die Alternative gefragt.*
∞ *Besser heimlich als gar nicht.*
∞ *Lieber eine Einzellüge als eine Lebenslüge.*
∞ *Du sprichst das Maximum an Wahrheit, wenn du das Verstehvermögen des anderen mit einkalkulierst.*

- ∞ *Das Wichtigste ist, daß du mit dir selbst ehrlich bist; den anderen kannst du schon mal anlügen.*
- ∞ *Eigentlich ist nur ein Sprechen erlaubt, das Selbstzweck ist.*
- ∞ *Es geht nicht, Gefühle allen Ernstes zu erklären. Das ist eine Illusion.*
- ∞ *Jedes Einzelwissen ist eine Lüge.*

Integrationsfragen:

- Lüge ich leichten Herzens, wenn es mir dadurch besser geht und ich niemandem schade?
- Weiß ich, daß ich alles darf, was mich und das Leben fördert?

Meinungen

Es geht ihr gut. Sie gestaltet und entfaltet ihr Leben. Viel Schönes freut sie. Sie liebt, arbeitet gerne, erfüllt sich Wünsche.

Dann kommt er und sagt mit ernster Stimme: »Du hast dich verändert. Früher warst du viel zugewandter. Du hast den Bezug zum Leben und zur Realität verloren. Ich sehe dich spleenig abdriften. Also, du bist echt gefährdet. Und du bist so egoistisch geworden. Du solltest mit der Studiererei aufhören und mehr Regelmäßigkeit in dein Leben bringen.«

Sie denkt, »Ja, ich war anders, jetzt geht's mir gut, früher war ich angepaßter, und jetzt habe ich Bezug zum Leben. Gefährdet allenfalls, noch von ihm verletzt zu werden. Wie schade, daß er mich nicht versteht. Seine feste, falsche Meinung über mich läßt keine Verbundenheit zu – wie schade, wie weh.«

Sie hatte sich ausgesprochen, er hatte nicht für möglich gehalten, daß sie recht haben könnte. Er »wußte« es besser.

Sie will nicht Gefangene seiner Meinungen sein. Jede feste Meinung ist wie ein doppeltes Gefängnis: Wer die starre Meinung hat, setzt sich selbst damit fest *und* setzt diejenigen fest, über die die Meinung verhängt wird. Deshalb ist es ein entscheidender Beitrag für unsere Erweiterung und Ganzwerdung, wenn wir unsere festen Meinungen überprüfen und lockern.

∞ *Feste Meinungen helfen, eine illusionäre Welt stabil zu halten.*

∞ *Der einzig legitime Fanatismus ist, an keiner Meinung fest zu hängen.*

∞ *»Gruppensex kommt für mich nicht in Frage«, wie jede Meinung ist auch diese eine Befleckung und Festschreibung der Zukunft.*

∞ *Der Kopf erlöst uns nicht.*

∞ *Wo Überzeugung ist, braucht keine Sprache mehr zu sein.*

- ∞ *Jeder Glaube ist eine Erkenntnisblockade.*
- ∞ *Jede Meinung ist ein Killer von Lebensfreude und ein kleiner Mentalknast.*
- ∞ *Rechthabenwollen ist nur Machtspiel.*
- ∞ *Meinungen sind immer Irrtümer.*
- ∞ *Mit jeder Begründung komme ich von mir weg.*
- ∞ *Das gefährlichste und giftigste im Leben sind fixe Meinungen.*
- ∞ *Eine Meinung ist eine mentale Identifikation.*
- ∞ *Meinungen sind verfestigtes Es-war.*
- ∞ *Mit jeder Interpretation lege ich mich und andere fest.*
- ∞ *Der Relativismus des Meinungsprölls ist ein Kommunikationskiller.*
- ∞ *Meinungsgedöns ist geistige Verschmutzung.*
- ∞ *Jeder Standpunkt und jede Meinung beschneiden die Realität, weil sie immer nur einen Ausschnitt von Wirklichkeit repräsentieren.*
- ∞ *Wer auf seiner Meinung beharrt, beharrt auf einem Ausschnitt, und das heißt auf seiner Beschränktheit.*
- ∞ *Im radikalen Nicht-Glauben ist die gleiche Verbohrtheit wie im radikalen Glauben.*
- ∞ *Nur ein Mensch, der nichts im Kopf hat, kann Ideen haben, denn dann ist Platz für die Idee.*

INTEGRATIONSFRAGEN:

- Habe ich feste Meinungen?
  - * über mich?
  - * über andere?
  - * über die Welt?
- Was will ich durch diese festen Meinungen erreichen?
- Gäbe es einen anstrengungsfreieren oder direkteren Weg?

Moral

Moraltheologie, Ethik, Pädagogik, Rechtswissenschaft und letztlich alle Menschen bewegen die Frage, was gut und böse, falsch und richtig sei. Antworten ergeben sich entweder **intellektuell** und lauten dann zum Beispiel mit Immanuel Kant: »Handle so, daß die Maxime deines Willens jederzeit zugleich als Prinzip einer allgemeinen Gesetzgebung gelten könne.« Oder volksmundlich: »Was du nicht willst, daß man dir tu, das füg auch keinem andern zu.«

Oder als **emotionale** Antwort hören wir oft: Richtig und gut ist, was ich aus Liebe tue, das, womit ich Gottes Willen erfülle. Ja, aber was *ist Liebe* wirklich und was Gottes Wille?

Die ganzen Bibliotheken über Gut und Böse habe ich nun die Stirn, um noch vier Sätze zu erweitern: Gut und richtig ist alles, was dazu beiträgt, mich endgültig innerlich und äußerlich auszugleichen und ins Fließen zu bringen. Das entscheidende Wort ist hier »endgültig«, denn alles, was mich nur vorübergehend ausgleicht, hat mich nicht wirklich geheilt und ganzgemacht, sondern hat mich nur kurzfristig abgefüllt, was einen nächsten Abfüllakt, der von meinen Defiziten provoziert wird und meist aus bewußten oder unbewußten Rachegefühlen kommt, erforderlich macht. Wer ganz ist und innerlich im Lot ist, handelt aus **natürlicher** Liebe und nicht aus **geforderter** »Liebe«. Moral wird dann gleichsam überflüssig; sie ist nur eine Notausrichtungshilfe für Menschen, die nicht integriert sind – und das sind wir fast alle.

∞ *Je stärker das Verbot, um so stärker das Motiv, es zu übertreten.*
∞ *Gutsein als etwas, was wir bewußt machen, ist heilungsfördernd.*
∞ *Das, womit ich mir entspreche, ist oft außerhalb von Moral.*
∞ *Hinter jeder Moral ist immer eine Einstellung – mehr oder weniger kollektiv.*

- ∞ *Moral ist so gefährlich, weil sie ankämpft gegen das, was ist.*
- ∞ *Wenn Moral durch Lebendigkeit ersetzt wird, ist Liebe unvermeidlich.*
- ∞ *Funktionierende Moral ist eine solche, die den Menschen verbessert.*
- ∞ *Die Trümpfe der Natur sind letztlich immer höher als die der Moral.*
- ∞ *Wertungen enthalten keine Information.*
- ∞ *Durch das Pauschalrezept wird das Leben kompliziert.*
- ∞ *Das Gutsein blockiert den Lebensfluß.*
- ∞ *In dem Moment, wo wir beurteilen und bewerten, klammern wir andere bereits aus.*
- ∞ *Immer, wenn ich urteile und werte, bin ich weg von mir.*
- ∞ *Du sollst gegen die Moral verstoßen und nicht gegen das Leben.*
- ∞ *Überwinde jegliche Moral – dadurch ist größte Heilung erwirkbar.*

INTEGRATIONSFRAGEN:

- Welche Moralvorstellungen habe ich?
- Stimme ich ihnen noch uneingeschränkt zu, oder möchte ich sie ändern? Und wie?

Narzißmus

»Liebe«, die andere und anderes ausschließt, ist narzißtisch und wird zum Gefängnis. Wirkliche Selbstliebe umfaßt – gleichsam als Nebenwirkung – andere und anderes. Je exklusiver die Liebe, desto begrenzter ist sie. Das geht so weit, daß wir nur noch uns selbst im andern lieben, ihn also narzißtisch besetzen und ihn in *seiner* Eigenart nicht wahrnehmen. Wenn ich nur mich in dir sehe, *sehe* ich weder dich noch mich, und wenn ich nur mich in dir liebe, liebe ich weder dich noch mich, wenn ich jedoch erfahre, daß es keinen Unterschied zwischen uns gibt, dann liebe ich mich und dich, wir sind nicht mehr Objekt meiner Wahrnehmung, sondern Subjekt eines Seins.

·

∞ *Da, wo ich besonders empfindlich und verletzlich bin, bin ich besonders narzißtisch.*

∞ *Narzißmus trennt mich von anderen; echte Selbstliebe verbindet mich mit anderen.*

∞ *Jede narzißtische Besetzung wehrt alles ab, was außerhalb der Besetzung liegt.*

∞ *Bei allem, was ich narzißtisch besetze, reduziere ich meine Wirklichkeit.*

∞ *Je extremer der Narzißmus, desto absoluter das Heimkino, im extremsten Fall die Geisteskrankheit.*

∞ *Der Narzißt dreht sich nur um sich, ohne bei sich zu sein, ohne Gespür für das, was wirklich ist.*

∞ *Je mehr wir kapieren, daß der andere anders ist, um so weniger narzißtisch sind wir.*

∞ *Je mehr etwas verteidigt wird, um so narzißtischer ist es besetzt.*

∞ *Je kleiner das Kind, desto narzißtischer besetzt.*

∞ *Solange ich den anderen und anderes als Aufhänger für meine Selbstliebe gebrauche, liebe ich nicht mich, weil ich den Umweg über anderes nehmen muß. Und eine vermittelte Selbstliebe kann keine unmittelbare Selbstbejahung sein.*

∞ *Wenn meine Selbstliebe sich nährt aus meinem Supersportwagen, den ich also libidinös, narzißtisch besetzt habe, und dann jemand sagt: »Was ist das für eine Schrottkiste!« und mich das aus der Bahn wirft, dann ist Verdacht zu schöpfen.*

∞ *Bei der narzißtischen Besetzung nehme ich immer etwas extrem wichtig, um mich innerlich aufzupumpen.*

∞ *Narzißmus ist immer eine Form seelischer Aufblähung, die auf einem Defizit basiert. Je massiver der Narzißmus, desto geringer ist in der Hinterhand der Selbstwert, sonst brauchte ich nicht mein ganzes Umfeld mit Wert aufzublähen.*

INTEGRATIONSFRAGEN:

- Was ist mir absolut wichtig oder sogar heilig?
- Wie fühlte es sich an, wenn ich diese Wichtigkeit runterschraubte?
- Wie wäre mein Leben, wenn nichts mehr übertrieben wichtig wäre, sondern nur noch in einem realistischen Rahmen wichtig wäre?

Opfertum / Aufopferung

Die Selbsthohle

In ihrer Güte vergaß sie ihre eigenen Interessen.
In ihrer Bescheidenheit verzichtete sie auf ihren Lebensgenuß.
In ihrer aufopfernden Art tat sie alles für mich.
In ihrer Selbstlosigkeit hatte sie keinen Platz für sich.

Und ich litt unter ihrer
Zurückhaltung, Lebensverneinung und Aufopferung
– so sehr, daß ich mich schuldig fühlte,
wenn ich lachte,
wenn ich mich freute,
wenn ich sang und tanzte,
wenn ich liebte.
Es schien unrecht zu sein,
ein wenig schmutzig,
einfach so zu leben,
als wenn das Leben schön wäre.

Das große Geheimnis, das sie nie erfuhr:
Das Leben *ist* schön.

- ∞ *Mit jedem Opfer, das ich dir bringe, mißachte ich deine Selbständigkeit und Lebenstüchtigkeit.*
- ∞ *Mit jedem Opfer, das ich dir bringe, mißachte ich* auch meine *Selbständigkeit und Lebenstüchtigkeit.*
- ∞ *Wer sich opfert, kann sich nicht hingeben.*
- ∞ *Ich hätte lieben können, hätte meine ganze Lebendigkeit einsetzen können, statt dessen habe ich Opfer gebracht.*
- ∞ *Wer sich entschieden hat, das arme Opfer zu sein, braucht Unglück – wie sonst könnte er seine Rolle aufrechterhalten?*

- ∞ *Kompromisse sind die kleinen Geschwister von Opfern.*
- ∞ *Opferliebe schwächt alle Beteiligten.*
- ∞ *Wir sind immer das erste Opfer unserer eigenen Kampfstrategien.*
- ∞ *Der Grollgewinn des Opfers ist, den Täter ewig kleinzuhalten.*
- ∞ *Das am Groll festhaltende Opfer ist immer der heimliche Täter. Es hätte den Schlüssel zur Aussöhnung in der Hand.*
- ∞ *Die Macht hat das Opfer und nicht der Täter.*
- ∞ *Die Opfer werden einsam.*
- ∞ *Kaum spüre ich, daß ich Opfer bin, versuche ich, in die Täterschaft zu kommen. Täter sein heißt ganz schlicht: tätig sein.*
- ∞ *Täter werden. Nicht Opfer sein.*
- ∞ *Eine kleine, aktive Miniveränderung erlöst dich aus der Opferrolle, weil du* tätig *wurdest. Die Miniveränderung stellt die Weiche.*
- ∞ *Der Täter leidet und das Opfer leidet. Die Leidsumme ist analog.*
- ∞ *Mater dolorosa, das ist ein Mittelpunktstreben schlimmer als Roy Black.*
- ∞ *Sich-Zurücknehmen ist krank. Keine Pflanze nimmt sich zurück.*

INTEGRATIONSFRAGEN:

- Bringe ich irgendwelche Opfer in meinem Leben?
  - * Wenn ja: Was ist mein Gewinn dabei? Zahlt er sich aus?
    Wie ließe sich dieser Gewinn anders erwirken?
- Bin ich in irgendeiner Hinsicht Opfer?
  - * Wenn ja: Wie könnte ich tätig werden? Wann fange ich an?

Partnerschaft*

Das 1 x 2 der Partnerschaft

Welche Arten von Partnerschaft gibt es?
Hauptsächlich Geschäfts- und Lebenspartner

Was bewegt uns, eine Partnerschaft einzugehen?
Die Entscheidung, zu zweit gehe es besser, leichter, schöner, und zwar entweder das Geschäft oder das Leben.

Wann wäre die Beendigung einer Partnerschaft angesagt?
Wenn Geschäft oder Leben in der Partnerschaft schlechter, schwerer und häßlicher geworden sind, als sie im Alleingang wären.

Warum halten wir trotz Leidensdruck so lange in unseren Partnerschaften aus?
Entweder weil wir immer noch glauben, das Geschäft oder Leben laufe mit Partnerschaft besser als ohne,

oder weil die Partnerschaft dem Geschäft oder Leben, trotz Leid, tatsächlich noch zuträglich ist,

oder aus Angst vor der Trennung und dem Leben danach (wobei es sogar noch sicherer ist, daß es ein Leben nach der Partnerschaft gibt als ein Leben nach dem Tod).

Was fördert die Partnerschaft?
Wenn jede/r ihre/seine Selbständigkeit bewahrt.

Außerdem noch: zuhören, kommunizieren, das Gemeinsame zum Thema der Partnerschaft machen, das andere privat leben und leben lassen.

---

* Weiteres zum Thema finden Sie auf den Vortragskassetten *Partnerschaft – ein Kampf auf Leben und Tod?*, *Verliebtheit als Entwicklungschance* und *Liebesrausch und Liebeshölle*

- ∞ *Lebendige Nähe ist nur möglich vor dem Hintergrund der Freiheit.*
- ∞ *Der Partner macht immer den Pendant-Krampf. Der Partner krampft immer rhythmisch mit, und weil es rhythmisch ist, merkst du es nicht.*
- ∞ *Ohne Unbescheidenheit klappt keine Partnerschaft.*
- ∞ *Immer, wenn die Symbiose greift, legt sich die Trainingshose um das schwache Herz.*
- ∞ *Das Ehebett ist der Altar der Lust.*
- ∞ *Die Lodenmutti hat die volle Kaffeemacht.*
- ∞ *Abgrenzen heißt, »ja zu mir« und nicht »nein zu dir«.*
- ∞ *Nur wenn du dich für dich entscheidest, nimmst du den anderen ernst.*
- ∞ *Sich ausklammern und den anderen wichtig nehmen, ist eine Illusion.*
- ∞ *Der andere ist nur mein Lakmuspapier.*
- ∞ *Jedes Machtspiel zeugt von gefesselter Liebesfähigkeit.*
- ∞ *Das Gute an der Ehe kann sein: du erkennst deine unerledigten Abgründe.*
- ∞ *Das Mißverständnis liegt darin, den andern anders zu wollen, als er ist.*
- ∞ *Wenn wir alle gelernt hätten, gut zu wünschen, dann wären unsere Partnerschaften um Klassen besser.*
- ∞ *Jedem Bedürfnis in einer Beziehung muß Rechnung getragen werden.*
- ∞ *Die Ehe ist eine preisgünstige Therapie – nicht immer erfolgreich, aber länger.*
- ∞ *Toll, du Mieskopf, du hast mich richtig weitergeworfen (am Ende einer Partnerschaft).*
- ∞ *Alles, was du auf Kosten des anderen machst, hat einen Bumerang-Effekt.*
- ∞ *Partnerschaft gibt es noch öfter als AIDS.*
- ∞ *Unsere Partner sind die Ideen, die wir von ihnen haben.*
- ∞ *Die Quelle der Unzufriedenheit ist mangelnder Ausgleich.*
- ∞ *Ich kann die Erlösung nicht beim anderen finden. Das ist eine Illusion.*
- ∞ *In dem Moment, wo ich merke, daß eine Laberplatte eingeschal-*

tet wurde, kann ich sicher sein, daß sich die Kommunikation verflüchtigt hat.

- *Wenn ich das zehnte Mal mein Problem ablabere, dann verhindere ich zum zehnten Mal die Lösung.*
- *Immer, wenn ich in der Partnerschaft in der Rolle des Vaters oder der Mutter bin, ist keine Beziehung möglich.*
- *In der Hochzeitsnacht erreicht der Krampf den Gipfel.*
- *Ehen sind oft dazu da, das Thema »Mann« oder »Frau« abschlußendgültig einzuschläfern.*
- *Solange wir durch den Kopf des anderen denken, sind wir weg von uns.*
- *Der wichtigste Mensch der Welt ist der, mit dem du im Moment zusammen bist.*
- *Auch in der Partnerschaft darfst du ein Privatleben haben.*
- *Alles, was ich nicht lebe, will ich vom Partner.*
- *Der »richtige« Partner ist immer der falsche.*
- *Ich kämpfe nie gegen meinen Partner, sondern immer gegen mich selbst.*
- *Wenn ich eine Beziehung zu jemandem habe, der nein sagen kann, weiß ich, daß er wirklich ja zu mir sagt, wenn er's sagt.*
- *An der falschen Stelle immer weiter betteln zu gehen, ist dumm, weil so der Frustfluß konstant bleibt.*
- *Wenn wir uns ineinander verhakeln, dann gewöhnlich in die Komplementärmacken.*
- *Eine Beziehung ohne Vergangenheit und Zukunft ist ein Glücksrausch.*
- *Gemeinsames Wohnzimmer, gemeinsames Schlafzimmer = Todesstoß.*
- *Wenn ich das Meine nicht lebe, gefährdet das die Beziehung.*
- *Mein Partner muß endlich vernünftig werden, das heißt, so wie ich werden.*
- *Ich schenke dir deine Reaktion. Das ist echte Großzügigkeit.*
- *Was mit mir nicht geht, das entläßt dich in die Freiheit.*
- *Partnerschaft ist im besten Fall eine nicht abbrechende* Hochzeit. *Zunächst und zuvor müssen wir die Hochzeit mit uns selbst haben. Erst dann sollten Hochzeiten erlaubt sein.*

- *Jede Partnerschaft verändert sich; das ist naturbedingt. Wem es gelingt, mit der Veränderung mitzugehen, hat es leicht.*
- *Partner sollten die Sahne im Leben sein und nicht die Krücke.*
- *Wenn wir uns beim Eintritt in eine Beziehung an der Garderobe abgeben, ist die Beziehung verloren.*
- *Je weiter wir abkommen vom primären Gefühl, desto weiter kommen wir ab von echter Kommunikation. In der oktären Ebene fliegen nur noch die Teller.*
- *Wenn Frauen die eigene Emanzipation verraten, ist das geradezu schizophren.*
- *Solange die Frauen in der Servicerolle bleiben, brauchen sie sich nicht zu wundern, wenn die Machos gedeihen.*
- *Wenn ich auf die Befindlichkeit des anderen einsteige, bin ich ein Co.*
- *Die Leidensmienen sind Stimmungskiller erster Klasse.*
- *Die Sahne abschöpfen und die Milch wegkippen, bevor sie sauer wird!*
- *Wenn der andere merkt, daß ich handele, bringt ihn das am meisten in Bewegung.*
- *Wer redet, will gehört werden.*
- *In eine Beziehung mußt du mit dir hineingehen, sonst ist die Beziehung vergebens.*
- *Durch die Vorwurfshaltung kehrst du das echte Geschehen unter den Teppich und verdeckst deine wirklichen Gefühle.*
- *Wir sind gerettet, wenn wir nicht auf die miese Stimmung des Partners einsteigen und ihn statt dessen damit überraschen, daß wir ihn beim Wort nehmen.*
- *Enttäuschung bedeutet, zu spät gemerkt haben, was läuft; es bedeutet nicht: Du bist völlig anders, als ich anfangs dachte. Höchstens noch: Ich dachte anfangs anders als real gewesen wäre.*
- *Nur in der behutsamen Rücksichtslosigkeit kann eine Partnerschaft gedeihen.*
- *An der Abhängigkeit in einer Beziehung kann ich erkennen, daß ich im Grunde nicht mehr in einer Partnerschaft, sondern in einer Wachrüttelstation bin.*
- *Die beste Zeit, die ich mit meinem Partner hatte, war vor der Ehe und nach der Scheidung.*

- ∞ *Wenn ich erwarte, daß der Partner nur genug liebt, bin ich schon wieder an der Tankstelle und nicht in der Partnerschaft.*
- ∞ *Wenn die Kindheit der Regen war, ist die Partnerschaft oft die Traufe.*
- ∞ *Es ist leicht, vor tausend Leuten zu weinen, aber mach es mal vor deiner Partnerin.*
- ∞ *Wenn ich Erwartungen hege, bin ich in der Kindrolle, warte ich, daß das Fläschchen kommt. In dem Moment, in dem ich auf etwas zugehe, bin ich erwachsen, und es hört der Kampf auf. Überlegen bringt uns keinen Millimeter voran.*
- ∞ *Sich-Zumuten heißt, dem anderen auch was zutrauen.*
- ∞ *Was ich mir selber gebe, muß ich mir nicht mehr, mich von außen abfüllend, holen. Der Partner ist nicht die Abfüllstation. Solange ich den Partner als Abfüllstation benutze, überfordere ich ihn. Je mehr ich ihn überfordere, desto mehr macht er zu. Es ist immer gut für den Partner, wenn der andere aus der Tankstelle verduftet.*

INTEGRATIONSFRAGEN:

- Mit wem habe *ich* eine Partnerschaft, und wer glaubt, eine mit mir zu haben?
- Ist der Gebe-Nehme-Status, also das gemeinsam Geteilte, in der Beziehung klar umrissen? (Wenn nicht, dann sind Erwartungsdruck und Enttäuschung unvermeidlich.)
- Wenn ich also etwas erwarte, das außerhalb des partnerschaftlichen Übereinkommens liegt, dann kann ich mich fragen, wie ich mir diese Erwartung selbst oder außerhalb der Partnerschaft erfüllen könnte.
- Gibt es Bereiche in meinen Partnerschaften, die von ihrem Gebe-Nehme-Status her neu strukturiert werden müßten?

Positives Denken

Klares Denken erleichtert gewiß die Kommunikation und die Handhabung des praktischen und theoretischen Lebens.

Positives Denken, positive Gedanken sind als Machwerk nur Anstrengung und Verdrängung des Negativen, das einfach da ist, wenn es da ist.

Es gibt da noch was ganz anderes:

Plötzlich war die Antwort auf alles da. Mit einem Schlag die Qual des Nichtwissens und die Qual des Wissens beendet. Sie hatte begriffen, daß es in Wirklichkeit nur einen einzigen »Gedanken« gibt, und der war nicht kompliziert, sondern sichtbar überall in der Natur, im Blick des Kindes genauso wie im brechenden Auge des Greises, im Eifer wie im Rasten, überall nur dieser eine »Gedanke«. Das Problem war nicht, daß sie diesen »Gedanken« nicht eher gedacht hatte, sondern, daß sie ihn nicht tief genug gedacht hatte. Gewußt hatte sie ihn schon lange, oft reflektiert; aber jetzt erst hatte er sie mit seiner ganzen Wucht erfaßt – der Gedanke nämlich, daß es kein Ich gibt.

IN WIRKLICHKEIT GIBT ES KEIN ICH.

Alle Gedanken, all die vielen Gedanken sind nur Folgekrümel des Nicht-tief-genug-Gedachthabens dieses einen Gedankens.

Und immer mehr breitete sich dieser eine »Gedanke« in ihr aus. Und da wollte sie alle Texte, alle Worte, Bücher, alle anderen Gedanken, alle Menschen anhalten, um mit diesem einen »Gedanken« ganz tief, tief in alles einzusinken. Nie wieder dürfte eine Beliebigkeit, eine Alltäglichkeit, etwas Seichtes sich neben die Ewigkeit stellen – es galt das Äußerste, das Letzte, das Tiefste auf immer und ewig im Fluß zu bewahren, zu verströmen, aber unaufhaltsam, nie wieder Vieldenkerei, Ablenkung, nie wieder draußen sein und glauben müssen, das Leben hätte anders zu sein, als es ist – nämlich so einfach in dieser Wirklichkeit ohne Ich und ohne Wünsche, weil schon alles ist.

- ∞ *Positives Denken ist gefährlich, weil es an der Realität vorbeigeht. Es verleugnet, was ist.*
- ∞ *Positives Denken ist ein künstlich installierter Gegenzauber. Wenn ich den Urzauber gut wahrnehme, dann hebe ich ihn dadurch aus den Angeln.*
- ∞ *Positives Denken ist immer Mißachtung der Gegenwart.*
- ∞ *Nicht die Umstände prägen mein Leben, sondern die Art und Weise, wie ich sie erfahre.*
- ∞ *Positives Denken ist eine besondere Art von Verdrängung.*
- ∞ *Du wirst weniger durch das positive Denken, denn die Wahrheit liegt im Ganzen.*
- ∞ *Wer positiv denken muß, ist noch im Krampf.*
- ∞ *Fatales positives Denken hat Illusionsblasen eingebaut. Wirkliches positives Denken ist einfach nur reales und klares Denken.*
- ∞ *Positives Denken in diesem Illusionsblasensinn hätte erst da einen Raum, wo man bis ans eigene Ende gedacht hat. Gott fängt erst da an, wo der Mensch seine Möglichkeiten vollständig ausgeschöpft hat und keinen Millimeter eher. Und vorher mit Gott oder positivem Denken anzufangen, ist blanke Trägheit.*
- ∞ *Wie lerne ich echtes, reales Denken? Indem ich mir ein Ziel überlege und mich dann hinsetze und die Schritte überlege und alle Erfordernisse überlege, bis ich an einen Punkt komme, an dem ich handeln kann, an dem ich Übersicht habe. Manche haben ein ungefähres Ziel und handeln schon blöd drauf los; wie zum Beispiel sich ins Auto setzen ohne Stadtplan.*
- ∞ *Ich kann in dieser Welt nichts außerhalb von Raum und Zeit bewirken, und damit bin ich in der Konkretheit: was, wann, wie. Der Plan ist eine Gehhilfe, das Gehen kann dann wieder spontan erfolgen.*
- ∞ *Wenn du dich in das Gefühl deiner Kraft begibst, das greift. Aber dir einen positiven Satz vorzulullen, das greift nicht.*
- ∞ *Mit einer bestimmten Art von positivem Denken baue ich eine dünne Trennwand in mich selbst, trenne ich mich ab von dem, was ich eigentlich fühle.*

Integrationsfragen:

- Gehöre ich zu den Menschen, die glauben, daß eintritt, was sie befürchten?
- Wenn ja: Ist das mein Motiv, mich zu positivem Denken anzuhalten?
    * Spüre ich, wie mich beides einengt?
- In welchen Bereichen könnte ich positives Denken durch klares und konstruktives Denken, das mich handlungsfähig macht, ersetzen?

Projektion

Selten sehen wir die Welt und die andern so, wie sie sind. Denn jede Wahrnehmung muß sich erst einmal durch unser Erfahrungsbündel, unser Meinungsgehege und unser Gefühlsraster pressen. Bei diesem horrenden Preßvorgang ist es dann nicht verwunderlich, daß unsere »Wahrnehmungen« letztlich mehr Preßsaft als reale Abbildung von Wirklichkeit enthalten. Überall sehen wir gleichsam unseren Preßsaft und halten ihn für objektive Wahrnehmung. Wenn wir bei diesen »Wahrnehmungen« überdies in gefühlsmäßige Aufwallung geraten, dann ist absolut klar, daß wir im eigenen Preßsaft köcheln, daß wir projizieren anstatt, was heilsam wäre, zu integrieren.

Wir projizieren immer da, wo wir unsere Lebendigkeit abklemmen, wo wir uns nicht voll leben. Und die Projektion können wir durch das emotionale Einsteigen entlarven. Die zentrale Integrationsaufforderung ist simpel: Nimm deine Projektionen zurück, indem Du selbst lebst, was Dich preßsaftet. Konkret gibt es folgende Spielarten:

1. Ich würde gerne selber tun, was mich beim andern, bei der Welt emotional aufbringt. Und zwar
   entweder: in der gleichen Form
   oder: in einer subtileren, sozialeren, gesünderen, normaleren Form.
   Wenn zum Beispiel jemand mit seinen Fähigkeiten prahlt, dann könnte das bedeuten, daß ich
   entweder: genauso prahlen möchte
   oder: meine Fähigkeiten überhaupt einbringen möchte.
2. Ich tue und kann bereits, was mich am andern nervt oder gefühlsmäßig in Aufwallung bringt, aber ich nehme es nicht wahr, weil ich es mir zugleich verbiete und in mir ablehne.

Die heilsame Formel psycho-energetischer Integration lautet: Je mehr ich mir erlaube, je mehr ich mich lebe, das heißt von Projektionen ablasse, um so realer wird meine Wahrnehmung, um so besser, preßsaftfreier kann ich mich auf andere beziehen und sie real sehen, und um so mehr kann ich mich selbst annehmen und lieben.

- ∞ *Durch das maßlose Übertreiben merken wir, wie verrückt wir sind.*
- ∞ *Uns fasziniert an anderen letztlich immer das Eigene, das irgendwo brachliegt.*
- ∞ *Es gibt keine Projektion ohne Widerstand; das heißt, immer da, wo ich abwehre, grüßt mein Schatten.*
- ∞ *Der andere ist so bescheuert, wie ich ihn wahrnehme.*
- ∞ *In dem Moment, in dem du bewertest, gehst du an der Realität vorbei.*
- ∞ *Jede wertende Aussage kommt aus dem eigenen Film.*
- ∞ *Ich höre immer nur, was an meinem Brett vorbeikommt (gemeint ist das Brett vor dem Kopf).*
- ∞ *Schicksal ist Nichtgelebtes, das mich von außen ereilt.*
- ∞ *Was immer affiziert, das sei probiert!*
- ∞ *In jedem Feind verbirgt sich eine eigene, nicht gelebte Kraft. Es gibt keine Feinde, es gibt nur Projektionen.*
- ∞ *Wenn ich über den anderen etwas erreichen will, dann beschneide ich mich selbst.*
- ∞ *Durch den Film, den wir glauben, versauen wir uns das Leben.*
- ∞ *Wer seine eigene Aggression verdrängt, fordert von seinem Umfeld auch die Verdrängung der Aggression.*
- ∞ *Was immer ich an andern wahrnehme, ist zugleich eine Aussage über mich selbst.*
- ∞ *An der Bewunderungsstarre läßt sich die Projektion erkennen.*
- ∞ *Der Heilige hat immer den Schurken auf dem Rücken.*
- ∞ *Den andern verändern zu wollen, ist jedesmal eine verpaßte Gelegenheit, sich selbst zu verändern.*
- ∞ *Wer sich am roten Hütchen vorbei zur Erleuchtung schmuggeln möchte, ist einfach nur eine Glühbirne (gemeint ist: Wer ohne die Zurücknahme von Projektionen meint, sich entwickeln zu können).*

∞ *Immer, wenn wir im Verstrickungsfall für den anderen sprechen, dann ist das genau der Text, den wir für uns selber sprechen müßten.*

INTEGRATIONSFRAGEN:
- Was bringt mich an andern, an der Welt in emotionalen Aufruhr?
- In welcher Form könnte ich genau das selbst machen?*

Mach dir mich nicht zum Bildnis

Jemand sagt zu mir: »Du hast gelbe Augen.« »Du bist ein Marxist auf dem Boden des Idealismus.« »Dein Schokoladenpudding schmeckt mir.« »Deine grünen Schuhe gefallen mir nicht.« »Du hast einen Fleck an der Hand.« »Du riechst nach Kamille oder Fenchel.« »Du bist der geborene Idiot oder die geborene Feministin oder die geborene Hausfrau.«

So langsam baut sich da ein Bild auf, in dem ich ersticke. Ich halte es nicht aus, eine gelbäugige, marxistisch-idealistische, Schokopudding kochende, grünschuhige, riechige Idiotin, Feministin oder Hausfrau zu sein.

Ich weiß nur, ich bin, ich habe, bin geboren und wäre gerne **ichselbst**

* Vertiefung der Thematik auf der Vortragskassette *Ich sehe was, was du nicht siehst – die Zurücknahme von Projektionen.*

Kein Widerspruch

Ich sehe nur mich in dir,
weil ich auf mich bezogen bleibe,
weil ich dich narzißtisch besetzt habe,
weil ich meine Psychobrille nicht absetzen kann,
weil ich im Heimkino sitze,
weil mein Heimkino ein Heimknast ist,
weil ich es nicht wage, mich zu verlassen,
weil ich gelernt habe, daß es gefährlich ist zu vertrauen,
weil ich Sicherheit und Verläßlichkeit nur bei mir finde,
deshalb bist »du« »ich«.

Ich sehe, daß du anders bist als ich,
weil ich Abstand nehmen kann von mir,
weil ich mich nicht fürchte vor anderen,
weil ich xenophil und abenteuerlustig bin,
weil ich weiß, daß Sicherheit nicht das höchste Ziel ist.

Ich sehe, daß kein Unterschied zwischen uns besteht,
weil ich mich total liebe, was dich total einschließt.

Dies sind Stufen.

Psychoknast

Was macht eigentlich unsere Identität aus? Sind es die Angaben im Personalausweis, die uns als unverwechselbares Individuum registrieren? Oder ist es unser einmaliges Leben und Erleben mit dem entsprechenden Erinnerungsstreifen? Von einem intrapsychischen Blickwinkel aus betrachtet, läßt sich Identität **als sich durchziehendes Bewußtsein** definieren; so wird es mir zum Beispiel nicht passieren, mich mit jemand anders zu verwechseln. Ich bin und bleibe in *meinem* Bewußtsein; wenn ich zum Beispiel morgens erwache, dann geht das Bewußtsein von derselben Person des Vortags wieder auf. Ferner bin ich für mich die einzige Person, deren Erleben mir unmittelbar von innen her gegeben ist, während das Erleben anderer mir nur mittelbar und eingeschränkt zugänglich ist. Nie kann ich wissen, wie sich Schmerz, Glück, Denken und Wachheit des andern wirklich anfühlen, weil ich nur meine Befindlichkeiten als Erfahrungsniederschlag kennengelernt habe. So betrachtet, könnte das, was ein anderer als seinen größten Schmerz bezeichnet, in gar keinem Verhältnis zu dem stehen, was mein erlebter größter Schmerz war. Wenn der andere mir von seinem größten Schmerz erzählt, werden seine Worte das Erleben meines größten Schmerzes in mir als Verständnisbasis auftauchen lassen. Und diese Basis kann unter Umständen völlig unzureichend sein, um zu erfassen, was der andere wirklich erlebt in *seinem* größten Schmerz. Die Kluft verschärfend kommt noch hinzu, daß wir gar nicht wahrnehmen können, wie weit unser jeweiliges Erleben und einher damit unser Verstehen auseinanderklaffen.

Jeder ist also in seinem Bewußtsein und Erleben verhaftet und somit getrennt vom andern. Diese Tatsache könnten wir als »Identitätsknast« bezeichnen. Der Identitätsknast gehört zur Grundausstattung menschlicher Wahrnehmung und Befindlichkeit. Wenn es nun obendrein noch eng wird in diesem Knast, so schrumpft er zu dem, was ich als »Psychoknast« erläutern möchte. Daß jeder in seinem eigenen Bewußtsein hockt, schränkt das jeweilige Bewußtsein noch nicht ein. Das passiert erst, wenn wir aufgrund schlimmer Erfahrungen, Persönlichkeitsanteile abspalten in der vermeintlich guten Absicht, solche Erfahrungen nicht zu wiederholen. So könnte sich zum Beispiel jemand nicht mehr erlauben, selbständig zu handeln, wenn er mit diesem Verhalten als Kind schlechte Erfahrungen gemacht hat. Er spaltet seine Selbständigkeit ab und verengt seinen Knast. Zu seinem so entstandenen Psychoknast gehört nicht nur seine reduzierte Selbständigkeit, sondern auch noch das Meinungs- und Abwehrbündel, das er mobilisieren muß, um weiterhin seine Selbständigkeit von Sekunde zu Sekunde zu verhindern. Für unser Ganzwerden ist es kostbar zu wissen, daß starre Meinungen und penetrante Abwehr indirekt immer auf Abgespaltenes verweisen. Dies gilt es dann herauszufinden und in kleinen Schritten zu beleben.

∞ *Jeder hat ja seinen Heimknast. Es lohnt sich, den Heimknast zu belüften, um ein umfassenderes Leben zu haben.*
∞ *Anerkennung dessen was ist, ist der erste Schritt aus dem Knast!*
∞ *Das ist zu fürchten: das Gefängnis, in dem du bist, nicht das, in das du kommst.*
∞ *Das Leben ist ein Selbstbedienungsladen. Manche warten darauf, bedient zu werden.*
∞ *Nicht verstehen heißt, nicht rein-, sondern nur davorgeglotzt zu haben.*
∞ *Das eigene innere Verbot lockt im Umfeld das analoge Verbot raus.*
∞ *Jede Blockade ist ein pervertierter Selbstschutz.*
∞ *Eine Belastung habe ich erst dann, wenn ich einsteige.*
∞ *Bekämpfe dich, so wie du bist, und du wirst noch schlimmer.*
∞ *Die Angst vor der Reaktion des andern ist mein Psychokorsett.*
∞ *Neurotische Selbsterhaltung garantiert Sicherheit im Psychoknast.*
∞ *Wer nicht losgeht, bleibt ewig im Psychoknast.*
∞ *Es läßt sich sehr leicht leben in der Schmalspurexistenz.*

- ∞ *Das Nichtsprechen ist der Startschuß für das Heimkino.*
- ∞ *Da, wo wir ins Drama gehen, da sind wir mit Altlast konfrontiert.*
- ∞ *Das chronische Nichtdrama ist auch ein Drama.*
- ∞ *Mit jeder Gewohnheit, die ich mir glaube, schreibe ich mich fest.*
- ∞ *Alle Zuschreibungen sind verbrecherisch.*
- ∞ *Das ganze Dilemma ist, daß du dir selber deine Geschichte glaubst.*
- ∞ *Im Käfig ist alles bekannt und heimisch.*
- ∞ *Aus Mustern kommen wir ohne Radikalität nicht raus.*
- ∞ *Aus dem Unerledigten kommt immer ein gewisses Lebensverbot.*
- ∞ *Da, wo wir affiziert sind, da tobt unsere eigene Hölle.*
- ∞ *Das Verhängnis ist, daß wir glauben, unser Blickwinkel hätte was mit Realität zu tun. Er hat nur was mit Gewohnheit zu tun.*
- ∞ *Solange ich warte, daß der Segen von draußen kommt, bin ich abhängig.*
- ∞ *Die Braven sind langweilig.*
- ∞ *Die Identifizierung erkennen wir daran, daß wir nicht mehr bei uns sind.*
- ∞ *Ich kann den anderen erst wahrnehmen, wenn ich selbst aus der Verstrickung raus bin.*
- ∞ *Wenn ich bereits weiß, daß ich mich in einer Illusion befinde, bin ich schon nicht mehr ganz drin.*
- ∞ *Das ist das Anstrengende am Kreisgang, daß ich nichts an Wegstrecke zurücklege.*
- ∞ *Ich bin das Fähnchen im Launenwind meiner Mitmenschen.*

INTEGRATIONSFRAGEN:

- Was empört mich?
- Wie wäre ich, wenn mich nichts mehr empörte?
- Oder noch dreister: Wie könnte ich andere empören?
- Welche Gefühle löst diese Vorstellung in mir aus?
  - ∗ Haben sie wirklich eine reale Basis?
  - ∗ Oder steckt ein eigener Schmerz dahinter?

Rache

Als du noch ganz klein warst, hat dein Vater die Familie verlassen. Das war sehr schlimm für dich. Jahrzehnte später große Nähe zwischen uns. Und dann geschah es, daß ich diese Nähe nicht mehr fühlte und aufbringen konnte. Das war wieder sehr schlimm für dich. Jetzt rächst du dich an mir – für deinen Vater gleich mit. Wie gut, daß ich das verstehe.

Und ich darf handeln.

Es gibt keine Verletzung, die nicht heilen will. Wenn die Heilung nicht real gelingt, dann versuchen wir, uns über Racheakte eine Art Ausgleich zu verschaffen. So entstehen Feindseligkeiten, in denen sich Altschmerz austobt.*

∞ *Ich brüskiere andere nur, wenn ich mich selbst nicht durchsetzen kann.*
∞ *Mit jedem Racheakt glaube ich vermeintlich, ein Stück Vergangenheit zu erledigen.*
∞ *Die Rache kann ich erst lassen, wenn ich zufrieden bin.*
∞ *Alles, was nicht erledigt ist, will ich rächen.*
∞ *Das Verstoßene tritt den Rachezug an.*
∞ *In jedem partnerschaftlichen Konflikt räche ich mich an meinen Eltern.*
∞ *Rache ist immer Reproduktion von Vergangenheit und kettet mich an sie.*
∞ *Rache ist immer etwas, womit ein altes Thema aufrechterhalten wird.*
∞ *Mit dem chronifizierten Problem lauern wir auf Gelegenheit, uns zu rächen.*

---

* Die Rache erlöst uns nicht, aber wir gewinnen viel Energie, wenn wir uns von ihr erlösen. Höre hierzu die Vortragskassette *Rache ist sauer.*

∞ *Am Ausmaß der Rache erkennen wir die Verletzung, die ihr vorausgegangen ist.*

INTEGRATIONSFRAGEN:

- Meine ich andere in irgendeiner Form bestrafen zu müssen?
- Wofür räche ich mich damit heimlich?

Schicksal

Im Angesichte milder oder schwerer Schicksalsschläge können wir eine Grundentscheidung fällen. Erstens so, daß wir im Schicksal gemeine Willkür sehen, den Zorn böser Götter, pure Ungerechtigkeit usw., oder zweitens so, daß wir im Schicksal einen Selbstheilungsprozeß des Lebens sehen, zum Beispiel einer eiternden Wunde vergleichbar. Emotional liegt uns die erste Variante bestimmt näher. Deshalb sollte sie als reine Ventilfunktion nicht unterdrückt werden. Ein Aufbegehren und Hadern mit den Göttern gehört einfach oft dazu. Oder wenn Schicksal einen Selbstheilungsprozeß des Lebens darstellte, wäre es sicher förderlich, wenn wir ihn verstünden, um ihn unterstützen zu können. Unter Schicksal verstehe ich alles, was meinen Energiefluß einschränkt. Gelänge es, bereits milde Einschränkungen des Energieflusses wahrzunehmen, dann könnten wir damit größeren Energiestaus und das heißt schlimmeren Schicksalsschlägen vorbeugen. Das gelänge natürlich nur, wenn wir diese milderen Einschränkungen unseres Energieflusses auflösen könnten.

Um in der »Schicksalsprophylaxe« erfolgreich zu sein, müßten wir jeweils wissen, welche Energie oder welche Antriebskraft in unserem Leben gestaut ist, und dann, wie sie sich wieder gut in Fluß bringen ließe. Mit Hilfe der Astrologie lassen sich diese verschiedenen Antriebe gut erkennen und läßt sich auch herausfinden, wie die jeweils blockierte Energie sich im Fluß leben ließe.*

Es gibt verschiedene Keimsituationen für Schicksal, die sich teilweise auch überlappen. Zum einen kann unser Energiefluß durch traumatische Umstände in der Kindheit beeinträchtigt wor-

* Konkrete Entschlüsselungs- und Befreiungshilfe: Ute Lauterbach, *Gelebtes Leben durch psycho-astrologische Integration* (Freiburg im Breisgau: Alf Lüchow Verlag, 1993).

den sein. Jede Folgebeeinträchtigung weist dabei indirekt auf jene Urverletzung und fordert zur Heilung auf.

Zum anderen kann Schicksal durch Verstrickungen im Familiensystem entstehen. Es will auch dann, so meine Beobachtung, immer auf Ungelöstes aufmerksam machen. Wenn wir das Ungelöste entdecken, können wir uns zum Beispiel um die Integration verstoßener oder sehr früh verstorbener Familienmitglieder bemühen, um so unseren Energiefluß zu fördern.

- ∞ *Geteiltes Schicksal ist doppeltes Schicksal.*
- ∞ *Jede Neulast ist nur ein Aufflackern von Altlast.*
- ∞ *Eigensabotage ist immer die Fortsetzung von Fremdsabotage.*
- ∞ *Jedes Kätzchen wird zur Raubkatze dadurch, daß wir es nicht spielen lassen.*
- ∞ *Bös wird immer nur das Nichtgelebte.*
- ∞ *Schicksal ist nur eine Rüttelstation.*
- ∞ *Am eigenen Unbehagen entlang entwickele ich meine klare Zielvorstellung.*
- ∞ *Aus dem gegenwärtigen Unbehagen kann ich das zukünftige Ziel destillieren.*
- ∞ *Nichts heilt so schnell wie der Leidensdruck.*
- ∞ *Der Wille der Natur ist Heilung. Wiederholung zeigt: hier ist etwas noch nicht fertig.*
- ∞ *Wir verletzen immer die am meisten, die wir am meisten lieben.*
- ∞ *Schicksalsprophylaxe ist eine Form von »Vergangenheitsprophylaxe«. Jede Behinderung des Energieflusses ist im Grunde unabgeschlossene Vergangenheit in einer jeweils neuen Gegenwart, ist die Fortsetzung von Vergangenheit. Ohne Vergangenheit pure Gegenwart.*
- ∞ *Schicksal zwingt uns in die Realität. Warum nicht direkt real werden?*
- ∞ *Wenn ich Schicksal ausschlachte, lohnt es sich; wenn ich Schicksal nicht ausschlachte, wiederholt es sich.*
- ∞ *Drei mächtige Stimmen in uns: Die eine sagt: »Da wird es gefährlich! Bleib schön im Unglück!« Die andere sagt: »Es gibt schon ein Leben vor dem Tod.« Die Kindheitsstimme bekommt*

dann Panik und sagt: »Das ist zu schön, um wahr zu sein.« Hauptsache, es wird nicht zu gut.

∞ *Durch die Mißachtung der eigenen Person kappen wir unsere Energie. Dadurch halten wir unseren Schicksalspegel konstant.*
∞ *Schicksalsmechanismen wirken nur, solange sie nicht bewußt gemacht sind.*
∞ *Schicksalsschläge sind sehr blockadeauflösend.*
∞ *Der andere kann mir immer nur das geben, wofür ich eine Landefläche habe, und das gilt für das Gute wie für das Schlechte.*
∞ *Das Defizit bleibt so lange, wie ich es mit dem in der Kindheit versäumten Stoff füllen möchte.*
∞ *Die Freiheit liegt im Antworten auf das Schicksal. Solange ich nicht antworte, bringt es immer wieder den gleichen Mist.*
∞ *Die Familie ist das große Schicksal.*
∞ *Jedes Schicksal ist gesellschaftsfähig.*
∞ *Es gibt keinen Teppich, unter den ich so gut kehren könnte, daß nichts wieder rauskäme.*

INTEGRATIONSFRAGEN:

- Was schränkt meinen Energiefluß ein?*
- Was sind die typischen Merkmale von Situationen, die mich blockieren?
- Welche meiner Fähigkeiten oder Anlagen gerät immer wieder in einen Stau?
- Wie könnte ich sie ganz gezielt entwickeln?

* Grundkenntnisse über verschiedene Schicksalsgesetze werfen ein zusätzliches Licht auf die Beantwortung dieser Frage. Sie finden sie auf der Kassette zum Vortrag *Schicksal fängt in der Familie an.*

Schuld / Schuldgefühle

Schuld liegt vor, wenn wir etwas schuldig bleiben, wenn wir etwas unerledigt lassen. Entweder wir bleiben *uns selbst* etwas schuldig oder *anderen*. Wenn es uns gelänge, uns selbst nichts, gar nichts schuldig zu bleiben, dann würden wir uns selbst total gerecht, wären integriert und entsprechend im Lot. Die automatische Folge wäre, daß wir auch andern nichts mehr schuldig bleiben könnten. Es ist geradezu eine Gesetzmäßigkeit, daß wir andern genau in dem Ausmaß nicht gerecht werden, in dem wir uns selbst nicht gerecht werden.

So führt auch dieses Thema wieder zum Blick auf unsere Integration. Solange wir nicht ganz sind und uns über die Außenwelt vervollständigen wollen, solange stellen wir Forderungen, mit denen wir andern nicht gerecht werden, weil es Überforderungen sind – und durch solche Überforderungen werden wir schuldig an andern, und zwar schulden wir ihnen den Ausgleich für das zuviel Geforderte. Und genauso geraten wir in die Schuld, wenn wir versuchen, den Überforderungen anderer gerecht zu werden, weil wir dadurch nämlich uns selbst überspringen und so uns etwas schuldig bleiben.

Das Leben wird ungemütlich komplex im Schuldverteilungstheater. So könnte hier der Einwand lauten: daß *ich mir* nur gerecht werden könne, indem ich dies und das von *x* fordere. Aber genau das ist ein Irrtum. Ich kann mir von allen alles wünschen, aber nicht fordern; im Fordern steckt der offene oder heimliche Anspruch oder das Recht auf eine Leistung oder Verhaltensweise. Einen Anspruch haben wir nur auf die Wahrung unserer Lebensrechte, also zum Beispiel darauf, nicht umgebracht zu werden, in den vitalen Bedürfnissen wie Atmung etc. nicht beeinträchtigt zu werden.

Und hier strudelt die Komplexität weiter mit der Frage, was nun zu den vitalen Bedürfnissen zu rechnen sei. Der Ehemann behauptet vielleicht, die Sportschau am Samstag gehöre zu denselben, während seine Gemahlin im Gegenteil meint, das Weglassen der Sportschau gehöre zu *ihren* vitalen Bedürfnissen.

Zur Klärung definiere ich: zu den vitalen Bedürfnissen gehört alles, was *unmittelbar* für unser Überleben notwendig ist. Und das sei die Sportschau, wird Heinz sagen – die sei für sein seelisches Überleben notwendig, und Hedwig wird kontern. Und so gibt es kein Entkommen aus dem Relativismus für die, die nicht entkommen wollen.

Für Heinz und Hedwig gilt, daß sie sich holen müssen, was sie brauchen, und zwar an der Stelle, an der es zu haben ist. Wenn sie verzichten, bleiben sie *sich selbst* etwas schuldig, wenn sie vom Partner fordern, die Sportschau zu tolerieren oder ausfallen zu lassen, dann bleiben sie dem Partner oder der Partnerin etwas schuldig.

∞ *Nur den Weg gehen, der geht. Auf einem anderen Weg werde ich schuldig am Leben, an Heinz, an mir und laufe Amok.*
∞ *Ein reales Schuldgefühl geht oft Hand in Hand mit dem Wunsch, einen Ausgleich herzustellen.*
∞ *Das neurotische Schuldgefühl belastet, das reale belebt. In einem gesunden Schuldgefühl ist Kraft. In einem neurotischen Schuldgefühl ist Schwächung.*
∞ *Das Schuldgefühl ist der Stöpsel auf dem Schatten.*
∞ *Jede Norm hat ein Schuldgefühl im Schlepptau und Angst, wenn ich sie übertrete.*
∞ *Es ist schade, wenn wir wegen der Behinderung anderer meinen, uns selbst auch zurückhalten zu müssen.*
∞ *Neurotische Schuldgefühle sind Energiesauger erster Klasse.*
∞ *Es gibt nur Mißverständnisse, aber keine Schuldigen.*
∞ *Aus dem Schuldgefühl heraus wird fast immer das Falsche gemacht.*
∞ *Da, wo du Schuldgefühle hast, steht etwas Unaufgearbeitetes für dich an.*
∞ *Angst- und Schuldgefühle sind Gefühle, die darüber wachen, daß die eigenen Energien nicht in Gang kommen.*

∞ *Das Schuldgefühl ist oft nur die Bestätigung dessen, daß du es richtig gemacht hast.*
∞ *Angst- und Schuldgefühle zeigen mir, wo das Korsett meiner sekundären Natur kneift.*
∞ *Immer das, was zu schlechtem Gewissen führt, fördern, denn es sagt mir: »Ich bin auf dem richtigen Weg.«*
∞ *Das Gewissen pocht, die Brille platzt (gemeint ist die Psychobrille, durch die wir alles voreingenommen gemäß unserer Prägung sehen).*
∞ *Indem ich mich verleugne, werde ich an mir schuldig. Mich verleugnen tue ich immer, wenn ich anderen gegenüber klein beigebe, zurückstecke. Wenn ich aber das Kleinbeigeben oder Zurückstecken von den anderen fordere, dann werde ich an den anderen schuldig.*
∞ *In dem Moment, wo ich die Verantwortung für mein Glück übernehme, kann das Wasser meines Lebens einen schuldfreien Weg finden.*
∞ *Es geht darum, ganz zu werden, integriert zu sein, sich nichts schuldig zu sein.*
∞ *Die Kunst ist hier, das zu nehmen, was da ist – nicht im Sinne von zweiter Wahl, immer erste Wahl –, aber nicht am falschen Ort.*
∞ *Die Formel heißt: Gutes Gewissen, nein danke!*
∞ *Das Bestreben der »Edlen« geht in Richtung Unschuld, und damit rammen sie sich immer tiefer in die Schuld.*

Integrationsfragen:
- Wer bereitet mir Schuldgefühle?
- Was werfe ich dieser Person unausgesprochenermaßen vor?
- Bei neurotischen Schuldgefühlen: In welcher Form könnte ich genau das tun, was mir Schuldgefühle bereitet?
- Bei realen Schuldgefühlen: Wie könnte ich einen Ausgleich herstellen?*

* Umfassende Erläuterung auf der Vortragskassette *Endlich schuldig – endlich frei.*

Sprache

Das Wort ist die Mauer zwischen mir und dir. Indem ich spreche, verstecke ich mich vor dir und verberge mein Innerstes. Nur durch Worte kann ich dich von dem, was ich wirklich bin, ablenken. Die Sprache dient mir als Tarnung, mit der ich dich besser in die Irre führen kann als mit meinen Augen. So kann ich mit der Sprache eine hohe Mauer zwischen uns errichten – eine Mauer, hinter der ich mich sicher fühle, weil du mich nicht erreichen und sehen kannst.

Das Wort ist die Brücke von mir zu dir. Indem ich spreche, eröffne ich mich dir und lege mich dir dar. Erst durch das Wort kann ich wirklich bei dir ankommen, weil ich im Sprechen mein Inneres in Formen gieße, die du verstehen kannst. So werde ich greifbar für dich, und das Geheimnis zwischen uns löst sich auf. So kannst du mir wirklich nahe sein, weil du über meine Worte zu mir und in mich gelangst. Die Sprache ist eine Form höherer Erotik, weil sie ein Miteinander erlaubt, das besonders tief und innig ist, weil es »jenseits von Haut« liegt und deshalb bis in die äußersten Winkel der Seele vordringen kann.

SPRACHE IST WUNDERBAR!

∞ *Kaum daß wir reden, sind wir im Irrtum.*
∞ *Wer spricht, lügt.*
∞ *Mit der Sprachschrumpfung geht oft eine Gefühlsschrumpfung einher.*
∞ *Das Sprachgefängnis ist die kleine Schwester vom Gefühlsgefängnis.*
∞ *Sprache als Laufsteg zu sich selbst.*
∞ *Mit der stimmigen Sprache kann ich ein Stück Heilung betreiben.*

- ∞ *Weisheit ist still, Wissen redet.*
- ∞ *Wenn einer beim Reden innerlich beteiligt ist, können wir Jahrzehnte zuhören.*
- ∞ *Ansprechen hilft.*
- ∞ *Im Zweifelsfalle reden.*
- ∞ *Handeln wirkt mehr als Sprechen.*
- ∞ *Kaum daß wir die Klappe aufmachen, ist die Manipulation in vollem Gange.*
- ∞ *Wenn du viel redest, passiert wenig. Wenn du das Eigentliche sagst, brauchst du ganz wenige Worte, und es passiert viel.*
- ∞ *Die einzige Fremdsprache, die sich besonders lohnt, ist die Symbolsprache.*
- ∞ *Der Sinn von Information ist zu fließen.*

INTEGRATIONSFRAGEN:
- Gibt es etwas, das ich jemand sagen will und noch nicht gesagt habe?
- Wann und wie könnte ich es sagen?

Jenseits von Sprache

Hindurchlauschen
durch die Stille,
um dahinter
den Herzschlag der Einsamkeit zu vernehmen.

Gerne spräche ich ohne Text
von Herz zu Herz
ganz leis am Verstand vorbei
– nur Bedeutung, keine Worte

Dismunikation

K lar sehe ich
E in Boot fährt
I ns
N iemandsland
E in
S egelboot

S
I
E
H
S
T

D
U
.

Sprachpracht

Liebe entzieht sich der Sprache. Sie ist für uns und durch uns: Für einander und ein Durcheinander. Sprachlos und unsprachig, nie gewöhnlich, immer ungewöhnlich, immer geheimnisvoll.

Sucht

Was genau passiert in der Sucht? Der Süchtige befindet sich in einem Mangelzustand, der durch das Suchtmittel aufgehoben werden soll. So quälend der Mangel, so vielversprechend die Droge. Tragischerweise wird die Leere oder das Defizit jedoch nicht wirklich durch den Vollzug der Sucht behoben. Die »Erlösung« oder »Befriedigung« ist bestenfalls nur momentan und hat eher überdeckenden Charakter; ähnlich wie ein Schmerzmittel, das den Schmerz lediglich betäubt, aber seine Ursache nicht aufhebt.

In der Analogie zum körperlichen Bereich bleibend, läßt sich sagen: Die Sucht wird dauerhaft gezündet von einem seelischen Leid, eben diesem Mangelzustand, dieser Leere, die als solche gerade durch das Aufrechterhalten der Sucht nicht wirklich ins Blickfeld treten und auch nicht vollumfänglich gespürt werden.

Für unsere Ganzwerdung und für die Suchttherapie ist also letztlich entscheidend, sich der Not und Leere, die die Sucht hervorrufen, zu stellen und sie real zu beheben, anstatt sie mit Hilfe der Droge zu überdecken. Die Dringlichkeit und Sehnsucht, mit denen wir unserer Leere entkommen wollen, zeigen sich ganz unmittelbar an der Stärke und am Ausmaß der Sucht.

In der Sucht wird *Etwas* ganz unbedingt gewollt. Es ist hilfreich, diesem Etwas genau nachzuspüren, sich darauf zu konzentrieren, es Platz greifen zu lassen. Es ist nämlich genau dieses Etwas, das über das Suchtmittel künstlich »erzeugt« werden soll. Und was künstlich hervorgerufen wird, fällt wieder in sich zusammen, muß wieder neu erzeugt werden und so fort: eine nicht abreißende Kette. Die wirkliche Befriedigung, und das heißt: Stillung der Sehnsucht, bleibt aus. Und hier schleicht sich eine Art gewußte Selbstverhohnepipelung in die Sucht. Denn jeder Süchtige *weiß*, daß seine Droge ihm nicht wirklich gibt, was er sucht. Sie dennoch zu nehmen, ist wie ein Handeln wider besseres Wissen, eine Art »Notlösung«, die in Wirklichkeit die Not nicht löst, sondern verschärft.

Die Unbedingtheit der Suche des Süchtigen zeigt sich schließlich auch an seiner Abhängigkeit von der Droge. Das unbedingt gewollte Etwas, das die Leere füllen soll, ist so wichtig, daß sein Glück und seine Lebenstüchtigkeit davon abhängen. Tragischerweise verschiebt sich diese Abhängigkeit sozusagen vom ursprünglichen Glück auf das »Glück und Fülle« versprechende Ersatzmittel. Hier schimmert wieder ein Heilungshinweis auf: Wenn es gelingt, sich seinem ursprünglichen Glück, und das heißt Ganzsein, zu nähern, wird die Droge automatisch unwichtiger.

Ich bin davon überzeugt, daß wir uns alle mehr oder weniger bewußt und in unterschiedlichem Ausmaß nach unserem ursprünglichen Ganz- und Heilsein sehnen und daß wir gleichzeitig Angst vor der Wiederholung dessen haben, was diesen vollständigen Zustand einstens beeinträchtigt hat. Hier gilt dann wieder: den Mutigen gehört das Leben und die Welt!

∞ *Sucht meint: bitte grenzenlos!*
∞ *In jeder Kapitulation bricht das Ego zusammen, und daher fehlt jedwede Kontrolle. Und kaum ist diese weg, kann sich alles frei entfalten, und ich bin gesund.*
∞ *Wenn meine Maßnahmen nicht funktionieren, ist meine letzte Maßnahme das Aufgeben der Kontrolle.*
∞ *In der Kapitulation gehe ich in die erste Erweiterung.*
∞ *Solange ich gegen die Sucht ankämpfe, kann ich nichts erreichen.*
∞ *In der Gier ist kein Genuß. In der Gier liegt die Knappheit, weil die Gier uns nicht in der Gegenwart sein läßt.*
∞ *Indem ich mich nur noch zu jeder vollen Stunde vollfresse, übernehme ich die Steuerung. Dann bin* ich *diejenige, die bestimmt, und das ist der deblockierende Schritt für die Psyche.*
∞ *Verweigerte Lebendigkeit begünstigt Suchtverhalten. Was halten wir durch unsere Süchte auf Sparflamme?*
∞ *Es wird immer das wichtig, wohinter sich ein Mangel befindet.*
∞ *»Bestenfalls« erleben wir im Vollzug der Sucht ein rauschhaftes Vergessen unserer Leere.*

- ∞ *Alles, womit ich mich auf Abstand halte, ist suchtfördernd und alles, womit ich mir selbst näherrücke, suchtmindernd.*
- ∞ *Im Genuß bin ich bei mir, und in der Sucht bin ich in einem oberflächlichen Rausch, in dem ich mir abhanden komme und nicht bei mir bin.*
- ∞ *Wenn mein Sinn wiegt in meinem Leben, dann bewegt er mich aus der Sucht, und je mehr der Sinn wiegt, um so mehr bewegt er mich aus der Sucht.*
- ∞ *Es ist völlig unmöglich, vom eigenen Sinn total erfüllt zu sein und gleichzeitig süchtig zu sein. Denn wenn ich total erfüllt bin, dann brauche ich mich nicht mehr abzufüllen, in welcher Form auch immer.*
- ∞ *Fatalerweise trennt uns die Sucht noch mehr von dem, was sie vorgibt zu suchen.*
- ∞ *Durch die Sucht soll der Hauptschmerz abgepuffert werden. Lieber im Abseits des Lebens überwintern, als diesen Schmerz noch einmal zu erfahren ...*
- ∞ *Der Zwangskranke hat ein Vertrauensdefizit, und der Süchtige hat ein Liebesdefizit.*
- ∞ *Der Süchtige hat eine schlimme Leere, die er abfüllen muß, weil kein Sinn da ist.*
- ∞ *Der Süchtige sehnt sich nach dem Eigentlichen und greift zu dem Uneigentlichen.*
- ∞ *Der Süchtige hat die Sehnsucht nach der totalen Erfüllung und sucht diese Erfüllung aber aus Schmerzprophylaxe da, wo sie nicht zu finden ist.*
- ∞ *Das Bessere ist nicht immer das Angenehmere.*
- ∞ *Bei Sucht sich sagen: »Ich mache es aus Freiheit.«*
- ∞ *Der Süchtige ist beim Vollzug seiner Sucht oder durch ihre Nebenwirkungen in permanenter Selbstkonfrontation.*
- ∞ *Der mißlungene Versuch, gegen die Sucht anzugehen, erzeugt nur Frust, der uns noch süchtiger macht.*

INTEGRATIONSFRAGEN:

- Welche Süchte habe ich?
- Welche Suchtmittel nehme ich täglich zu mir?
- Habe ich die ersten beiden Fragen unterschiedlich beantwortet?
- Was gibt mir meine Droge? Könnte ich ein Loblied auf sie schreiben?
- Was deckt mein Loblied auf?

Sündenbock

Wollte ich meine Sündenböcke als Erkenntnis- und Entwicklungsschleuder benutzen, so fragte ich sie:

- Was werfe ich euch vor?
- Welche nicht gelebten, eigenen Persönlichkeitsanteile verbergen sich hinter meinen Vorwürfen?
- Wie könnte ich diese selbst leben, das heißt, was könnte ich mir bei euch abgucken?

Und dann, wenn ich die entsprechende Info eingesackt hätte, steckte ich meine Energie nicht mehr in die Sündenbockpflege, sondern benutzte sie zum Nacheifern. Und ich erfreute mich meiner Lebendigkeit.

∞ *Nur am Widersacher ist Begegnung mit sich selbst möglich.*
∞ *Jeder Sündenbock ist ein verkappter Steigbügel.*
∞ *Alle Sündenböcke verhindern Entwicklung.*
∞ *Mit jedem Vorwurf vernagele ich mich selbst.*
∞ *Feinde sind nichts anderes als eine seelische Mülldeponie.*
∞ *Dank Feind ist man vermeintlich seelisch ausgeglichen.*
∞ *Wenn außen Mist, dann weil innen nicht gelebt.*
∞ *Solange ich den Sündenbock hüte, komme ich mir selbst kein Stückchen näher.*
∞ *Bei allem, was der andere inszeniert, habe ich einen Anteil.*
∞ *Der Sündenbock ist die Selbstverhinderung schlechthin.*
∞ *Ob ich den Sündenbock oder den Tugendbock pflege, ist völlig egal.*
∞ *Jeden Sündenbock habe ich selbst an meine Kette gelegt.*
∞ *Jeder Sündenbock ist eine Sackgassengarantie.*
∞ *Solange du glaubst, daß die anderen die Schweine sind, verpaßt du den Schicksalslehrer.*
∞ *Du bist das Opfer deiner Sündenbockpflege.*

- *Durch das Nachtragen pflege ich den Sündenbock.*
- *Über die Sündenbockpflege wehre ich mich selber ab. Mit dem Abwehren verstärken wir den Stau.*
- *Im Ausweichen werde ich mit dem Nichtgewollten um so mehr konfrontiert.*
- *Durch das Nichthingucken nähre ich meine Probleme.*
- *Durch die Vorwurfskette kehren wir das Eigentliche unter den Teppich.*
- *Wenn du nicht genau sagst, was du willst, bekommst du es auch nicht und ärgerst dich dann, daß der andere dich nicht versteht.*
- *Meine Sündenböcke sind der Beweis für meine Weigerung, Verantwortung für mein Leben zu übernehmen.*
- *Glücklich ist, wer keine Sündenböcke braucht.*
- *Nur wir selbst machen uns die eigenen Gefühle.*
- *Jeder Vorwurf ist ein verleugneter eigener Schmerz.*
- *Dem anderen nicht gerecht werden heißt, von ihm etwas zu fordern oder zu erwarten, was ihm nicht möglich ist.*
- *Wir können dem andern nur gerecht werden, wenn wir vorher uns selbst gerecht geworden sind.*

INTEGRATIONSFRAGEN:

- Was sind meine Lieblingsaussagen?
- Welche Sündenböcke habe ich?
- Wie sähe der direkte Weg – ohne Ausreden und Böcke – aus?

Enttäuschung

Zu sagen, ich bin von dir enttäuscht, heißt im Klartext, ich habe dich von Anfang an nicht vollständig gesehen; ich habe mir ein Bild von dir gemacht, das dir nicht entsprochen hat. Ich habe zu langsam und zu unvollständig gedacht, als daß ich dich ganz und gar hätte wahrnehmen können; das heißt, ich bin dir mit meiner Wahrnehmung nicht gerecht geworden. Und jetzt bin ich noch so unverschämt, dir den schwarzen Peter zuzuschieben, indem ich dir sage, du seist nicht die gewesen, für die ich dich gehalten habe, obwohl die korrekte Aussage wäre, ich war unfähig, dich wahrzunehmen. Wenn ich sage, ich bin enttäuscht von dir, dann gebe ich dir automatisch die Schuld und mache dich zum Sündenbock.

Tod

Angst vor dem Tod?

Die Angst vor dem Tod wird in der Philosophie und Psychologie oft als die Basisangst, die sich hinter allen andern Ängsten verbirgt, gesehen. Wenn wir das Wesen der Zeit begreifen – und damit meine ich: **erlebnismäßig** erfassen, dann löst sich durch diese Erfahrung die Angst vor dem Tod auf. Zeit ist nicht so ein Paketchen von 80 bis 100 Jahren, das wir sozusagen aufbrauchen, um dann in die Erde gesenkt zu werden. Solange wir uns in einem Bewußtsein befinden, das Zeit als ein solches Paketchen erlebt, sind wir mehr oder weniger bewußt im Griff der Angst vor dem Tod. Im »Paketchen-Bewußtsein« müssen wir an den Tod als absoluten Auslöscher glauben, so wie wir an die »Evidenz« aller anderen Vorder- und Oberflächenerscheinungen des Lebens glauben.

Das »Paketchen-Bewußtsein« ist unsere »normale«, alltägliche, ständige Durchschnittsverfaßtheit, ist einfach eines jeden erwachsenen Menschen Art, das Leben durch den Verstand zu sehen. Das macht uns als Menschen geradezu aus, dieses Eingeengtsein auf den Verstandesblickwinkel. So sind wir (noch und zunächst und zumeist).

Bezeichnenderweise kennen Tiere und kleine Kinder die Angst vor dem Tod nicht. Diese Angst ist an das Erwachen des Verstandes geknüpft. Sie hängt ihm wesensmäßig an. Diese Situation wird noch durch die Selbstschutzfunktion des Verstandes verschärft. Will er uns doch ständig schützen; wie unfaßlich, wie beleidigend geradezu muß da für ihn der Tod sein, der ja seine ganze Daseinsberechtigung mit in den Abgrund reißt!

Der mit dem Verstand identifizierte Mensch – und das sind wir alle – sitzt so selbstverständlich in seinem Verstandesknast, sprich Alltagsbewußtsein, daß er noch nicht einmal merkt, *daß* es ein Knast ist. Der Mensch ist, wie Heidegger Nietzsche interpretierend ausführt, ein Hinübergehender: **Nicht mehr** arglos in die Natur eingebundenes Tier und **noch nicht** Übermensch. Das Bekloppte ist, wir wissen und erleben zumeist nicht, daß wir uns in solchem Übergang befinden. Dieser Übergang ist vollzogen, wenn wir im Sein sind, im, wie Heidegger meint, nicht interpretierenden also im offenständigen Gewahrsein dessen, was ist; wenn wir – und sei es nur für einen Augenblick – die überwältigende Erfahrung des Einsseins, des Ewigseins, des Außerhalb-aller-Zeit-Seins machen. Wer nur für einen Augenblick wirklich **ganz** war, der ist hinterher **anders**.

Der Tod überzeugt nur unseren Verstand, und solange der Verstandesblickwinkel unser einziger ist, ängstigt uns der Tod.

∞ *Im Angesichte des Todes springen die Prioritäten an den richtigen Ort.*

∞ *Im Gewahrsein der eigenen Sterblichkeit bringe ich mich in die Realisation dessen, was das Leben eigentlich ist, nämlich für eine Weile eine gute Zeit haben.*

∞ *Wenn ich im Bewußtsein meines Todes bin, wirft mich das radikal auf mein Leben.*

∞ *Der Tod ist ein Lebenskatalysator.*

∞ *Die leere Ruhe ist die Vorstufe zum Tod.*

∞ *Angst vor dem Tod ist die Angst vor nicht gelebtem Leben.*

∞ *Wenn ich es schaffe, mich vom Leben verändern zu lassen, dann bin ich im Fluß. Und wenn ich im Fluß bin, ist der Tod keine Gefahr.*

∞ *Eine Sache beenden, ist mitunter ein bißchen wie sterben.*

∞ *Das Sterben haben immer nur die anderen erlebt. Diese Erfahrung ist einmalig.*

∞ *Sechs Eier kaufen und eines zerschlagen und sich darüber ärgern; das alles im Angesichte des Todes? Sich über ein zerschlagenes Ei ärgern, kann sich nur ein Unsterblicher leisten. Womit die Unsterblichkeit bewiesen wäre. Wenn wir sterblich sind und uns über ein zerschlagenes Ei ärgern, haben wir eine entschiedene Macke.*

∞ *Zum Ende hin wird der Tod normaler.*

∞ *Tod als ZuMUTung.*
∞ *Mit jeder Höflichkeit machen wir den Sargdeckel noch mal richtig zu.*
∞ *Der Sinn des Sterbens ist, daß die Liebeserklärung dann endlich am Sterbebett kommt.*

INTEGRATIONSFRAGEN:

- Was entfacht meine Leidenschaft und Hingabe?
- In welchen Situationen kann ich mich ganz und gar vergessen?
- Und bin ich in diesen Situationen tot??

Endlich unendlich

Mich zu den Toten legen
– nicht lebensmüde,
sondern so lebensfroh wie noch nie.
Von deiner Hand sterben zu dürfen,
damit ewig wird, was ewig ist …
Nicht sterben wie Sterbliche,
sondern auflodernd und läuternd
mein Leben im Glanz deiner Liebe.
Den Tod nicht mehr als Grenze spüren,
sondern als Durchbruch zum Leben.
Endlich die absolute Entrückung im Tod,
so wie ich sie vorfühle
in jeder unserer Umarmungen.

Träume

Die richtige Deutung eines Traumes erkennen wir daran, daß der Träumer sagt »Ah ja, so ist es.« Der Träumer hat das letzte Wort über die Deutung. Die Funktion der Träume ist, uns zu entlasten, zu reinigen und zu klären. Leben mit sich selbst ist auf ganz tiefe Art zu erreichen, wenn ich mit meinen Träumen lebe, denn die Träume enthalten ungeschminkte Wahrheit über mich. Wir sind für jeden Krümel, der in unserem Traum auftaucht, verantwortlich. Träume helfen uns zu erkennen, was integriert werden darf.

- ∞ *Träume übertreiben, damit wir etwas kapieren.*
- ∞ *Was wirkt, ist die Handlungskonsequenz, die ich aus dem Traum ableite.*
- ∞ *Das, was ich im Traum auslasse, lasse ich auch im Leben aus.*
- ∞ *Träume haben oft eine therapeutische Absicht, wollen etwas korrigieren.*
- ∞ *Je mehr ich mich selbst übersprungen habe, desto alpiger der Traum.*
- ∞ *Der Korrekturwille und die Aussagewucht von Träumen erreichen beim Alptraum den Gipfel.*
- ∞ *Wer seinen Träumen vertraut, vertraut sich selbst.*
- ∞ *Our night movies want us to move and want to move us.*
- ∞ *Wir meinen, unsere Träume seien verrückt. In Wirklichkeit spinnen sie bei weitem weniger als wir.*
- ∞ *Alpträume entspringen Selbstunterbrechungen in einem vital wichtigen Bereich.*
- ∞ *Träume sind etwas so Hochindividuelles und Spezielles, daß wir sie nur »deuten« können, indem wir nichts hineinlegen, aber alles herausholen. Träume sind direkt und einfach, weshalb wir einfach und direkt denken müssen, um zu einer stimmigen »Deutung« zu gelangen.*

INTEGRATIONSFRAGEN:

- Nehme ich meine Träume ernst?
- Verstehe ich sie?
- Wie könnte ich mich mehr auf sie einlassen? (Zum Beispiel: Traumbuch führen, mich beim Aufwachen in die wichtigsten Traumelemente versetzen, mir Handlungskonsequenzen überlegen, die sich aus den jeweiligen Traumbotschaften ableiten lassen)

Trennung

Trennungen sind so natürlich wie der Tod, wie Veränderungen, wie der Wechsel der Jahreszeiten. Schmerzlich werden sie:

1. wenn sie nicht wirklich vollzogen werden,
2. wenn der natürliche Zeitpunkt verpaßt oder ignoriert wird (zu späte oder zu frühe Trennungen),
3. wenn ich den Abschied nicht feiere und das Gute, das war, leugne,
4. wenn die Liebe größer war als das eigene Selbstwertgefühl,
5. wenn hinter dem Augenschein der Unabänderlichkeit kein umfassender Sinn gefühlt wird.

Drei Spielarten im Trennungstheater

1. Nach gutem Zusammensein erkennen wir, daß die Beziehung vorbei ist, vielleicht im Sinne von ausgeschöpft, vielleicht im Sinne von auseinandergelebt (real).
2. Nach gutem Zusammensein schleicht sich das Ende ein, wird aber nicht wahrgenommen, und wir verharren in der *Illusion*, es sei noch gut, obwohl die innere Trennung bereits unerkanntermaßen stattgefunden hat (erst real, dann Heimkino).
3. Wir sind nie wirklich zusammen gewesen, haben den andern nie wirklich wahrgenommen und haben uns von Anfang an vorgegaukelt, in der besten Beziehung zu sein, obwohl keinerlei echte gemeinsame Basis bestand Leben in der *Illusion* von Nichtgetrenntsein (Heimkino total).

- ∞ *Es gibt nur eine Sache im Leben, die wir wirklich lernen müssen: Abschied zu nehmen.*
- ∞ *Sich trennen lernen heißt auch, sich selbst lieben lernen.*
- ∞ *Das, was die Verliebtheit so schön macht, ist die gleiche Illusion wie das, was die Trennung so schlimm macht.*
- ∞ *Die einzige Chance ist, die Eltern so zu nehmen, wie sie sind. Sonst ist keine Trennung möglich.*
- ∞ *Glatt getrennt, gut gepennt.*
- ∞ *In jedem Bewerten ist ein Abstandschaffen. Jeder Abstand ist Irrtum.*
- ∞ *Wenn wir uns trennen, dann werde ich dir sagen, wie lieb ich dich hatte.*
- ∞ *Ohne versöhnt zu sein, kann ich nicht Abschied nehmen. Gut ausgesöhnt ist gut getrennt.*
- ∞ *Nicht vollzogener Abschied ist ein Energieräuber noch schlimmer als Zucker.*
- ∞ *Sich gut trennen können, setzt voraus, daß wir gut bei uns sind.*
- ∞ *Ich kann mich nicht trennen, wenn ich selbst nichts mitnehme.*
- ∞ *Ohne Stirb kein Werde.*
- ∞ *Sich trennen zu können, heißt, zu einer Veränderung bereit zu sein.*
- ∞ *Immer, wenn wir aussteigen, sind wir in der Verwirrung. Die neue Ordnung schafft sich von selbst.*
- ∞ *Wenn ich mich höflich trenne, habe ich mich nicht getrennt.*
- ∞ *Ich kann ganz deutlich sehen, daß eine Sache beendet ist – wodurch der Vollzug des Abschiednehmens jedoch nicht ersetzt ist.*
- ∞ *Was wir für uns abgeschlossen haben, ist gut und vorbei, und eine gefühlsmäßige Distanzierung stellt sich ein.*
- ∞ *Wenn Trennung keine Befreiung ist, dann war es keine Trennung. Ziehen und* ***ziehen lassen*** *ohne Groll und Ressentiments – das ist echte Trennung. Im Groll sitzt ein Stück unserer Energie, mit der wir am vermeintlich Getrennten haften.*
- ∞ *Es ist nicht schlimm,* daß *Beziehungen zu Ende gehen, sondern* wie *sie zu Ende gehen.*

INTEGRATIONSFRAGEN:
- Gibt es wichtige Menschen in meinem Leben, die mir abrupt oder schleichend ohne Trennungsvollzug oder Abschied abhanden gekommen sind?
- Wenn noch Verletztheit, Groll und Vorwurf in mir sind, kann ich mich fragen, was noch aussteht und was ich noch klären möchte – sei es für mich, sei es mit dem andern.

Seltenere Gewohnheit

Langsam gewöhne ich mich daran, daß ich mich nie daran gewöhnen werde, von dir getrennt zu sein. Die Zeit, die alle Wunden heilt, heilt die Wunde der Trennung von dir nicht. Die Zeit hält diese Wunde offen, macht sie tiefer und geht einen Pakt mit der Sehnsucht ein. So wird mir die Sehnsucht vertraut. Die Sehnsucht, die mir sagt, daß ich mich nie daran gewöhnen kann, von dir getrennt zu sein. Die Sehnsucht hat einen Pakt mit meinem Herzen geschlossen. In diesem Pakt steht geschrieben: Ich liebe dich!

Rückseite der Liebe

Ich singe von der Rückseite der Liebe.
Nicht der Vorderseite, die einschlägt wie ein Blitz,
nicht vom siebten Himmel,
nicht von der Ewigkeit im Liebesglück,
sondern von der Rückseite,
die unsere Seele langsam überzieht wie
Schimmel.

Du bist nicht mehr der Prinz in meinem Märchen,
sondern der Pascha auf meinem Sofa.
Mit Zärtlichkeit,
mit Härtlichkeit

legt sich deine Hand
um meine
wie eine Zange.
Ich ergreife die Flucht
hinter mein Gesicht,
hinter meine Gesten,
hinter meine Worte
und klage
hinter deinem Rücken
über Einsamkeit.
Auch dein Gesicht erstarrt zur Maske.
Deine Gesten versteifen.
Deine Worte übertönen dich.
Wir hängen sie auf:
die Gesichter, Gesten, Worte.
Aus ihnen tropft nur unsere Einsamkeit,
und als Rinnsal fließt sie
durch unsere gemeinsame Zeit
wie Tränen, die nach Leben schreien.
Mein Leben verbleicht,
deines welkt:
wir haben zu lange aneinander gelitten.

Doch wir trennen uns nicht.
Wir spielen noch Vorderseite.
Spielen Prinz und Prinzessin – so schmücklich und schicklich.
Wir tanzen im Liebesstrick, und keiner wagt den Blick
auf die andere Seite –
dort, wo wir im Ängstlein liegen
und wissen von den Lügen voreinander, miteinander.
Von dort, von der Rückseite
rufen wir den Spielenden zu,
rufen sie auf!

Warum hören sie nicht?
Warum halten sie die Tränen,
die den Schimmel nähren, für

Tau?
Warum tanzen sie weiter und trennen sich nicht,
obwohl wir – hier auf der Rückseite – schon längst verschiedene
Wege einschlugen?
Wann werden sie uns nachfolgen?
Wollen sie warten, bis der Schimmel ihre Herzen erreicht?

Komm, Freund, wir auf der Rückseite müssen uns verbünden!
Nimm du deine Seele,
ich werde meine nehmen.
Komm, wir vollziehen die Trennung –
nicht mit Abschiedskuß,
sondern Handschlag,
der zählt.

Zu lange haben sie aneinander gelitten.

Leb wohl!

Verantwortung

Wer Verantwortung übernimmt, verläßt Gefolgschaft und Unmündigkeit und ist bereit, selbst zu denken und für sich zu stehen.

Verfolgschaft

Ich hätte frei sein können,
aber ich wagte nicht,
die Verantwortung für meinen Weg zu übernehmen.
Statt dessen fügte ich mich in die Gebote
meiner Eltern, meiner Lehrer, meiner Partner, meiner Ärzte,
meiner Arbeitgeber,
meines Gottes.
Ich litt unter meiner Gefolgschaft,
aber ich antwortete nicht auf mein Leid,
sondern trug es zu meinem Partner, meinen Ärzten, meinem Gott.
Die sagten mir wieder, was zu tun sei.
Ich litt noch mehr
trug wieder zu ihnen
und ertrug
mich,
ohne zu antworten,
weil noch so klein
und so allein,
so sehr noch Kind
das folgsam nimmt,
was man ihm gibt.

Wo nur kann ich mich hinlegen,
um mein Großwerden zu erschlafen?

Mir träumte von einer Stimme, die antwortete:
»Leg dich in deine eigenen Hände und erlaube dir
eine Ewigkeit
für jeden kleinen Schritt, den du alleine wagst.«

∞ *Erst wenn ich Verantwortung übernehme, kann ich handeln.*
∞ *Verantwortung übernehmen heißt, ich warte nicht mehr auf einen Nachschlag aus der Kindheit.*
∞ *Ein Ziel ist nur dann ein Ziel, wenn ich heute schon den ersten Schritt in seine Richtung machen kann.*
∞ *Wenn du Verantwortung für den anderen übernimmst, kannst du sicher sein, daß alter Mist im Spiel ist.*
∞ *Die richtige Arbeit macht gesund. Die falsche Arbeit macht krank. Bei der richtigen Arbeit drücke ich mich aus, bei der falschen passe ich mich an.*
∞ *Durch die Übernahme von Verantwortung bin ich gerettet, weil ich nicht mehr Befehlsempfänger bin.*
∞ *Wenn ich keine Verantwortung übernehme, bin ich unmündig.*
∞ *Durch die Übernahme von Verantwortung komme ich in meine eigenen Rechte und werde erwachsen.*
∞ *Verantwortung ist ein Gegenstück von Pflicht.*
∞ *In der Pflichterfüllung bin ich gehorsam; in der Verantwortung stecke ich meinen* ***selbstgewählten*** *Pflichtbereich ab.*
∞ *Verantwortung belastet immer dann, wenn ich sie nicht selbst übernommen habe. Mit der Verantwortung, die ich übernommen habe, antworte ich aufs Leben.*
∞ *Wenn ich die Verantwortung abgebe, gebe ich die Kraft ab.*
∞ *Ich kann keine eigenen Ziele haben, ohne Verantwortung zu übernehmen.*
∞ *Aus Verpflichtung komme ich nur durch die Übernahme von Verantwortung raus.*
∞ *Pflicht und Druckgefühl sind immer ein Beweis für mangelnde Verantwortung.*
∞ *Ich nehme das Jetzt, um mich in das Später abstoßen zu können.*
∞ *Wir machen uns unsere Chefs dadurch, daß wir keine Verantwortung übernehmen.*

- ∞ *Solange mein Gegenüber Lob und Motze will, ist es in der Kindrolle.*
- ∞ *Die wichtigste Person, die es im eigenen Leben zu fördern gilt, ist die eigene Person.*
- ∞ *Im Einklang mit der Natur zu leben, ist Rückenwind für die Verantwortung.*
- ∞ *Autorität muß nichts Negatives sein. Autorität heißt, Verantwortungsbewußtsein zu haben für den Bereich, den ich übernommen habe. Unechte Autoritäten geben Befehle, gegen die wir uns sträuben, weil sie sich nicht aus der Sache ergeben.*

INTEGRATIONSFRAGEN:
- Wann und in welchen Bereichen bin ich in der Kindrolle?
- Wie sähe es ganz konkret aus, wenn ich in genau diesen Bereichen mehr Verantwortung übernähme?
- Was ist der Vorteil an der Kindrolle? Ist es **wirklich** ein Vorteil?

Homo novus

als faber zu gefährlich
als sapiens erfunden
als ludens selten

Die Vergangenheit wird allmählich fad,
verliert ihren Reiz,
Ideen, Götter und Sündenböcke entschlafen,
Meinungen sind nur noch Meinungen:
kein Kriegsanlaß mehr –
so entstehen Raum und Zeit für den homo novus.

Versöhnung / Aussöhnung

Solange wir mit uns selbst und andern nicht ausgesöhnt sind, können wir nicht ganzwerden. Im Nicht-ausgesöhnt-Sein stecken ungelebte Energien, gestauter Groll und das Gefühl des Getrenntseins. Aussöhnung geschieht nur im eigenen Interesse und hat nichts mit großmütigem, pseudoheiligen Verzeihen zu tun. Einfach mal begreifen: alles – wie ungerecht, unvollkommen und gemein auch immer – geschieht aus ausreichendem Grund, nicht aus kalkulierter Bösartigkeit; selbst was sich als solche ausnimmt, hat noch einen entsprechend mächtigen Grund im Hintergrund, sonst geschähe es eben nicht. Diese heimtückischen uns zur »Unvollkommenheit« treibenden Motive sind natürlich meist nicht faßbar, nicht umlenkbar. So spüren wir vielleicht noch, daß wir nicht wirklich wir selbst sind, wenn wir unsere Partner zutiefst verletzen und wenn wir gemein sind.

Für die effiziente Aussöhnung ist wichtig zu verstehen, daß mein akuter Kampf- oder Reizpartner nicht erste Ursache meiner Verletztheitsreaktion ist, sondern auch noch auf einen chronischen »Reizpartner« verweist. Tiefgreifend heilsam ist die Aussöhnung mit chronischen Reizpartnern. Sie kann auch noch vollzogen werden, wenn diese Partner verschollen oder tot sind oder sogar, wenn wir sie nie kannten (im Falle von weitergereichtem Familienschicksal, das mitunter sogar generationsübergreifend ist). In meinen Gruppen habe ich die heilsame Wirkung solcher »rückwärts« gerichteten Aussöhnung oder Integration unendlich oft erleben dürfen. Die Wirkung ist immer, daß sich unser gestauter Groll in fließende Energie verwandelt, die wir dann für unser Leben zur Verfügung haben. Und genau deshalb rücken wir durch die Aussöhnung mit andern näher an unsere Energie, das heißt an uns heran und werden so heiler. Wenn wir unseren versöhnlichen Blick auch nach hinten richten und nicht nur auf unsere gegenwärtigen Antagonisten, dann erfahren wir überdies unser Eingereihtsein in ein Familien- oder Kollektivschicksal und erleben uns bei eigenen »Verfehlungen« nicht mehr als erste Übeltäter bei der Unglücksausteilung.

Der **Vollzug der Aussöhnung** ist kein seelischer Klimmzug, kein Für-ungeschehen-Erklären dessen, was war, sondern er besteht in der inneren Zustimmung, daß der andere/die andere einen gemäßen Platz im Leben haben darf oder durfte, daß diese Person genauso zum Leben dazugehört wie ich, daß sie ist, wie sie ist, weil sie in ihrem jeweiligen Entwicklungsstand nur so sein kann, wie sie ist. Und es ist einfach nicht mein Job, ihr das Unerledigte in ihrem Leben nachzutragen, hinterherzuschleppen: an meinem seelischen »Muskelkater« leide nur ich.

∞ *Es ist ganz wichtig, sich in einer Reihe zu sehen und nicht als erster Schurke.*
∞ *Wenn ich nach hinten versöhnt bin, kann ich ganz normal nach vorne.*
∞ *Wenn ich keinen Groll mehr habe, bin ich versöhnt.*
∞ *Echte Harmonie ist immer die Nebenwirkung von Ausgesöhntsein.*
∞ *Alles Unerledigte bindet.*
∞ *Wer ein Erbe nicht annimmt, nimmt die Person, die vererbt, nicht an.*
∞ *Dankbarkeit ist das Gegenteil von Kampf.*
∞ *Im Dankbarsein stehe ich zu mir selbst.*
∞ *»Verzeihen« ist Anmaßung.*
∞ *Echtes Verzeihen ist Nebenwirkung der eigenen Heilung.*
∞ *Bei totaler Aussöhnung leichteres Altern.*
∞ *Ich höre dir nicht mehr zu, weil ich mit dir kommunizieren möchte. (Zum Beispiel, wenn sich jemand so in Rage geredet hat, daß er sein Gegenüber nicht mehr wahrnimmt.)*
∞ *In dem Moment, in dem ich meiner Kindheit »trotz allem« wirklich zustimme, werde ich erwachsen.*
∞ *Zu einem gelungenen Abschluß gehört immer auch die gute Erinnerung an die gute Zeit.*
∞ *Wer sich versöhnt, befreit eigene, in Groll gebundene Energie.*

∞ *Trennung ohne Aussöhnung beinhaltet immer den Verzicht auf einen Anteil unserer Energie. Und wer will kann, auf Aussöhnung und Energie verzichten.*
∞ *Aussöhnung kann bedingungslos und einseitig sein. Keiner ist für uns verantwortlich – nur wir selbst.*
∞ *Aussöhnung kannst du nicht machen, sondern nur zulassen.*
∞ *Aussöhnung mit dem anderen ist immer auch Aussöhnung mit sich selbst.*
∞ *Wer mit seinen Eltern nicht ausgesöhnt ist, bleibt in der Kindrolle.*
∞ *Aufhören auf die Veränderung des eigenen Vaters zu warten, heißt jeden Mann irgendwie okay finden können. Da braucht dann der Partner, der Kollege, Chef, Priester usw. nicht mehr den Vater auszugleichen.*

INTEGRATIONSFRAGEN:
- Mit wem bin ich nicht ausgesöhnt?
- Warum gebe ich dieser Person soviel Macht über mich? Will ich das wirklich?
- Spüre ich, wie viel *meiner* Energie im »Feind« brachliegt?
- Wer leidet am meisten unter meinem Leiden?

Verstehen / Verstand

**Verständlein, Verständlein, was zeigst du an der Wand?
Nichts als die Not und Dumpfheit im ganzen Land!**

Die Tiere haben es leicht. Sie leben instinkteingebunden in ihrem jeweiligen Umfeld und werden von der Natur versorgt und beschützt. Nur der Mensch, dieses komische »Mängelwesen«, wie ihn Arnold Gehlen nennt, braucht ein über die unmittelbaren Instinkte hinausgehendes Vehikel, um sich zu versorgen und zu schützen. Diesen Job übernimmt unser Verstand. »Tüchtig«, wie er ist, macht er leider oftmals mehr als not-wendig wäre. Grundsätzlich können wir zwei Einsatzgebiete und Gebrauchsmodi des Verstandes unterscheiden:

Erstens geht es ihm um die zweckvolle Alltagsorganisation, die der Befriedigungssicherung unserer Bedürfnisse dient; also Butter im Kühlschrank, Benzin im Tank, Dach überm Kopf usw.

Zweitens will er uns vor der Wiederholung schlimmer (Kindheits)erfahrungen schützen. Mußten wir uns als Kinder zum Beispiel immer total unauffällig verhalten, damit der Vater keinen Wutanfall bekam, dann sorgt der so eingespurte Verstand dafür, daß wir uns lebenslänglich unauffällig verhalten. Er meint, es sei zu unserem Schutze, während es in Wirklichkeit natürlich eine Behinderung ist, die vielleicht damals sinnvolle Zurückhaltung lebenslänglich durchzuhalten.

Und was macht der Verstand eigentlich ganz genau? Er »trennt und verknüpft« wie Schleiermacher sagt. Er checkt, urteilt, schlußfolgert; er lichtet die Realität oder die »Realität« ab. Es entsteht in uns eine Art Spiegelbild. Wenn sich dieses »Abbild« exakt deckt mit dem, was draußen ist, dann sind wir im ersten Gebrauchsmodus des Verstandes. Wenn sich jedoch eigene Vorstellungen und Erlebnisweisen in das »Abgebildete« mischen, dann sind wir im zweiten Gebrauchsmodus. Hier gilt die Formel: je verletzter wir sind, desto irrealer ist das Abbild, das der Verstand uns liefert.

Für unser **Ganz**werden ist es von zentraler Heilung, mit dem Verstand **anders** umzugehen. Ziel ist es, den Verstand nur noch gemäß des ersten Gebrauchsmodus für uns einzusetzen, also für die zweckvolle Alltagsbewältigung. Um hierbei erfolgreich sein zu können, ist es förderlich, die beiden Gebrauchsmodi noch genauer unterscheiden zu lernen, um dann den behindernden Gebrauch leichter aufgeben zu können. Es geht hier regelrecht um eine Bewußtseinsschulung – nicht kompliziert, aber wirkungsvoll. Diese Schulung kann so aussehen, daß wir unsere Wahrnehmung durch die folgenden beiden Schlüsselfragen abklopfen:

1. Nehme ich wahr, was wirklich ist? oder
2. Nehme ich wahr, was ich mir mehr oder weniger vorstelle, was ich zum Beispiel befürchte oder erwarte?

Daß ich wahrnehme, was wirklich ist, erkenne ich daran, daß meine Haltung emotionslos ist; ich bin im informativen Zweck- und Nützlichkeitsraum des Verstandes. **Ich benutze den Verstand**. Daß ich nicht wahrnehme, was wirklich ist, erkenne ich daran, daß meine Wahrnehmungshaltung irgendwie befangen oder vorgestimmt ist. Im Falle obigen Beispiels könnte meine Einschätzung einer bestimmten Situation von Ängsten begleitet sein oder auch von einem Werturteil wie »Stillsein ist Vornehmsein« etc. Diese Haltung weist auf den behindernden Pseudoschutzraum des Verstandes hin. **Der Verstand benutzt mich**.

Wenn wir nicht sehen, was ist, sondern eine durch unsere Vorstellungen verfärbte »Realität« wahrnehmen, dann ist das so, wie wenn sich eine Art Denkschleiergebilde zwischen uns und die Welt schöbe. Das Fatale dabei ist, daß die Identifizierung mit dem Schleier so weit geht, daß wir ihn in der Regel nicht als von uns getrennt erleben: wir *sind* gewissermaßen unsere Vorstellungen, unser Schleier. Und genau darum geht es: die Identifikation mit jenem Vorstellungsschleier zu lösen, um dann *uns* zu erleben, wie wir wirklich sind. Und der entscheidende Lösungsschritt liegt bereits in dem beschriebenen unterscheidenden Wahrnehmen unserer Wahrnehmungen.

Die hier vorgeführte Unterscheidung der beiden Gebrauchsmodi des Verstandes macht auch Heidegger in seiner Schrift *Was* *heißt Denken?*, die ich allen intellektuell Tollkühnen wärmstens empfehle. Heidegger unterscheidet daselbst zwei Weisen des Vorstellens: einmal so, daß ich mir etwas vorstelle, etwas ausmale, ein Bild von etwas habe, bevor oder sogar während ich es sehe. Und dann so, daß ich eine Sache vor-stelle, indem ich sie vor mich hinstelle, sie reinlasse, wie sie ist. Damit springe ich, so Heidegger, auf den Boden, auf dem ich eigentlich stehe.*

∞ *Struktur hilft Verstehen.*
∞ *Wer nicht zweifelt, kommt nicht zur Erkenntnis.*
∞ *Solange wir mit dem Verstand identifiziert sind, bleibt das Gefühl der Sterblichkeit.*
∞ *Der letzte Ausstieg ist der Ausstieg aus dem Verstand.*
∞ *Die Identifikation mit dem Verstand macht das Leben ernst.*
∞ *Solange man denkt, ist man blockiert.*
∞ *Der Verstand kommt im Zwischenraum zur Ruhe.*
∞ *Der Verstand hält den aus großen Schmerzen sich ergebenden Schutzirrtum instand.*
∞ *Nur wer eingefahrene Denkschienen verläßt, hat die Chance, etwas zu kapieren.*
∞ *Der Verstand ist nur durch ein anderes Erleben zu überzeugen, nicht durch einen anderen Gedanken.*
∞ *Das Bewerten ist der Urkrampf schlechthin und kommt immer aus dem Verstand.*
∞ *Im Kopf ist ein Problem nur zu verstehen, nicht zu lösen.*
∞ *Diskutieren ist Tanzen auf der Kopfplatte.*
∞ *Die Benennung ist die Vergiftung.*
∞ *Verständnis für jemanden zu haben, birgt die Gefahr, daß ich mich selbst übersehe.*
∞ *Verstehen und Etwas-nachvollziehen-Können impliziert nicht, daß ich dafür auch aktiv werden muß.*
∞ *Der Verstand ist das Sammelbecken der Selbstverhinderung. Und der Verstand ist das Sammelbecken des Es-war.*

---

* Martin Heidegger, *Was heißt Denken?* (Tübingen: Niemeyer, 1984).

- ∞ *Das Übel kommt durch den Kopf, nicht durch die Realität. Der Kopf vergleicht und bewertet oft zu den eigenen Ungunsten.*
- ∞ *Verstehen ist Zubringer zur Befreiung; aber Verstehen selbst ist nicht die Befreiung. Es ist ein Beitrag.*
- ∞ *Das Tote an uns ist unser Denken.*
- ∞ *Nachtragend ist nur der Verstand.*
- ∞ *Die Hölle kommt immer über die Interpretation.*
- ∞ *Am wirksamsten sind Fühlerkenntnisse.*
- ∞ *Kompliziert-werden heißt immer Lösung vermeiden.*
- ∞ *Alles, was ist, ist verstehbar. Sonst wäre es nicht.*
- ∞ *Denken ist nur erlaubt, wenn es mit dem Fühlen Hand in Hand geht und ich mir vom Fühlen das Feedback hole.*
- ∞ *Die Dramen werden immer in der Birne geschrieben.*
- ∞ *Manchmal ist die Erinnerung an das Elend schlimmer als das Elend selbst.*
- ∞ *Was weiterbringt, sind die Gefühlsspuren und nicht die Denkspuren.*
- ∞ *Die Warumfrage bringt nie eine Handlungsantwort.*
- ∞ *Selbstunterbrechung kommt immer aus dem Mißtrauen, und Mißtrauen kommt aus dem Verstand.*
- ∞ *Verstand ist Egobezug und Selbsterhaltung. Mit dem Einkaufszettel kommt keiner zu sich.*
- ∞ *Manchmal ist das Mehr-Wissen eine Behinderung.*
- ∞ *Nicht zu denken, heißt nicht zugleich pennen. Die Kunst ist, total wach zu sein, ohne zu denken.*
- ∞ *An der Grenze unseres Verstehvermögens fangen wir an zu kritisieren. Je mehr einer kritisiert, um so weniger versteht er.*

INTEGRATIONSFRAGEN:

- Wie real ist meine Wahrnehmung?
- Wieviel mische ich in meine »Wahrnehmung« an »Deutungs- und Interpretationsstoff« hinein?
- Wie gehe ich mit den Grenzen meines Verstehvermögens um? Sehe ich sie?
- Wie wäre mein Leben, wenn ich nur noch real wahrnähme, ohne zu deuten? Oder wenigstens meine ungerechtfertigten Deutungshöllen anspräche?

Ein Nicht-Wiedersehen

Diesmal können wir uns nicht sehen.
Ein wirklich zwingender Umstand in deinem Leben
verhindert unsere Begegnung. Ein Umstand,
den ich verstehe, den ich nicht persönlich nehme;
den ich absolut verstehe.
Na und?
Als ob mein Verstand mein Herz erreichte!
Es faltet sich traurig ein,
wird ein bißchen hart,
damit niemand sieht,
wie kindisch ich bin oder
wie schön meine Sinne dich machen oder
wie sehr ich dich liebe oder
wie herrlich es ist,
ein Kind zu sein –
ich freue mich auf unser Wiedersehen:
mein Herz glaubt und weiß großzügiger,
als mein Verstand denkt.

Kreisel

S o l a n g e d u d i c h d r e h s t ,
b i s t d u e i n K r e i s e l.
Dein Ziel ist zu kreiseln
dein Sinn: zu kreiseln
ohne Richtung –
Kreiseln
nur,
du
!

O h n m a c h t m e i n e r G e d a n k e n

Bannsicht: Da, wo wir anfangen, etwas zu verdammen, werden die Grenzen unserer Intelligenz sichtbar.

Aber auch: Sarcasm is a means of mental self-preservation amongst people who do not understand you.

Wahrheit

Bei der Wahrheit geht es immer darum, daß etwas zur Deckungsgleichheit kommt; zum Beispiel eine Aussage mit einem Sachverhalt. Im Fall der Entsprechung oder Deckungsgleichheit ist die Aussage wahr. Ich unterscheide vorletzte Wahrheiten von der letzten Wahrheit.

Vorletzte Wahrheit: Zu den vorletzten Wahrheiten gehört die beschriebene Wahrheit der Aussage. Bei dem Sachverhalt kann es sich um einen äußeren oder inneren handeln. Die Aussage: »Da fährt ein Auto« ist wahr und bezieht sich auf eine **äußere** Gegebenheit (vorausgesetzt, da fuhr wirklich eins). Die Aussage »Ich bin zufrieden« ist wahr (wenn ich es wirklich bin) und bezieht sich auf eine **innere** Gegebenheit. Oder bei Regenwetter die Aussage »Heute ist schönes Wetter« (vorausgesetzt, ich finde, wider die allgemeine Meinung, Regenwetter schön) ist ebenfalls wahr, weil Deckungsgleichheit von Wetterempfinden und Aussage besteht. Das letzte, wenn auch läppische Beispiel, weist in die Bereiche, wo es kompliziert wird. Wir müssen wieder unterscheiden, und zwar zwischen eigener Wahrheit und allgemeiner Wahrheit. Wobei als generelles Wahrheitskriterium sich die Deckungsgleichheit durchzieht. Für unser Ganz- und Heilwerden ist in bezug auf die vorletzten Wahrheiten wichtig, daß **wir mit uns selbst** dekkungsgleich werden beziehungsweise bleiben. Konkret heißt das: Meine eigene Wahrheit – beziehe sie sich nun auf Inneres oder Äußeres – darf sich nichts Fremdem unterordnen; weder der gängigen Meinung noch den Einzelerwartungen anderer Menschen. Und hierbei ist es ziemlich egal, ob ich zum Beispiel aus praktischen Gründen (siehe schönes Regenwetter) andere »anlüge«, solange ich mich **nicht** selbst vorher angelogen habe und mir zum Beispiel wider mein Privatempfinden eingebleut habe, Regenwetter sei **schlechtes** Wetter. Diese totale Selbstehrlichkeit ist ein wichtiger Punkt in der eigenen Ganzwerdung, der Kongruenz mit sich selbst. Und oft ist es im Heilungsprozeß sinnvoll, diese Selbstehrlichkeit auch Außenstehenden gegenüber transparent zu machen. Jeder Einzelfall ist hier wohl zu erwägen, denn mitunter liefern wir uns durch die Veröffentlichung der eigenen Wahrheit anderen unnötig aus, oder wir schieben die Verantwortung ab oder verlieren auf andere Art unsere Kraft.

Der Katalog der vorletzten Wahrheiten ließe sich mit Ausdauer und Spitzfindigkeit sicher noch viel weiter ausdehnen und differenzieren; hier genügt, was in Sachen Ganzwerdung relevant ist.

Letzte Wahrheit: Jetzt wird es geringfügig komplizierter. Ich beginne mit einer Definition: Unter der »letzten Wahrheit« verstehe ich nicht dieses oder jenes Wahre (= vorletzte Wahrheiten), sondern eine nicht relative, also absolute, von allen, die sie »erkennen« gleichermaßen »beschriebene« und völlig ohne Zweifel als evident erlebte Wahrheit. Ein solches evidenzträchtiges Wahrheitserleben kann uns nur außerhalb der Relativität geschehen, und das bedeutet außerhalb des Verstandes (vgl. Seite 40, Vor- und Ausläufer der Erleuchtung). Der Verstand, hier wieder als abstandhaltendes Vehikel gesehen, schiebt sich zwischen uns und unser unmittelbares Erleben. Wenn wir das Wahrheitskriterium der Deckungsgleichheit anwenden, so bedeutet das, daß wir mit uns selbst deckungsgleich werden müßten, um so der letzten Wahrheit innewerden zu können. Beziehungsweise präziser: wir müßten aufhören, die ursprünglich sowieso vorhandene Deckungsgleichheit durch den Verstand zu zerstören. Strenggenommen, ist »Deckungsgleichheit« als Begriff nur haltbar, wenn wir den durch den Verstand schon gespaltenen, sich selbst in Abständigkeit gebrachten Zustand als Blickwinkel nehmen. Aufhebung der Spaltung oder das Gespaltene wieder zusammenzufügen, bedeutet, es in die Deckungsgleichheit zu bringen, kurz: Ganzwerden ist Zubringer zur letzten Wahrheit, *ist* die letzte Wahrheit. Faszinierenderweise kommt Heidegger nach Durchlaufen eines anderen Gedankenwegs in seiner schon zitierten Schrift *Vom Wesen der Wahrheit* zu folgendem Endergebnis: »Das Wesen der Wahrheit ist die Wahrheit des Wesens.« Anders und in diesem Zusammenhang vielleicht noch verständlicher ausgedrückt: Wenn wir uns in die Wahrheit unseres Wesens gebracht haben, dann ist uns das Wesen der letzten Wahrheit offenbar.

- ∞ *Nur das Wissen, das ich* bin, *habe ich. Nur das Wissen, das Leben angenommen hat, zählt. Und wenn es Leben angenommen hat, habe ich es zur Verfügung.*
- ∞ *Die reine Wahrheit ist zu sagen, was ist.*
- ∞ *Die Kleinigkeiten offenbaren die Wahrheit.*
- ∞ *Am Lachen, Weinen und Widerstand erkennst du die Wahrheit. Das sind die drei großen Verräter.*
- ∞ *Nicht das Gute erstreben, sondern die innere Wahrheit leben.*
- ∞ *Wenn du es schaffst, ganz über deine Sache zu lachen, bist du schon gerettet, und in letzter Wahrheit ist alles total lustig. Aber leider leben wir nicht die ganze Zeit in der letzten Wahrheit.*
- ∞ *Man kann in der perfekten Logik die perfekte Unwahrheit haben.*
- ∞ *Es gibt keine Wahrheit, die so schlimm wäre, daß wir sie verschweigen müßten.*
- ∞ *Die Wahrheit ist immer verrückt.*
- ∞ *Die beste Art der Anpassung ist an die eigene Wahrheit.*
- ∞ *Wissen bedeutet Information. Weisheit bedeutet Transformation.*
- ∞ *Im Spontanen offenbart sich die Wahrheit.*

INTEGRATIONSFRAGEN:

- Wie deckungsgleich bin ich mit mir?
  - * Für mich selbst?
  - * Für andere?

Widerstand

Widerstand leisten kostet Kraft. In jedem Widerstand ist ein Nicht-Wollen enthalten. Das, was ich nicht will, ist entweder mein Glück oder mein Unglück. Meinem Glück leiste ich Widerstand, indem ich auf deine Verletzungen und Gemeinheiten innerlich einsteige und sie dann bekämpfe. Durch dieses Einsteigen gewähre ich ihnen gewissermaßen Raum zwischen mir und meinem Glück. Und das mache ich vielleicht nur, weil mir mein Glück suspekt oder gefährlich vorkommt. Und meinem Unglück leiste ich Widerstand, indem ich mich gegen äußere Einschränkungen wehre. Interessanterweise ist auch diese Form von Widerstand häufig eher eine Glücksabwehr, weil ich nämlich meine Kraft und Zeit von einem mich beherrschen wollenden Geschehen bestimmen lasse, anstatt sie für eine befriedigende Alternative außerhalb jener äußeren Einschränkungen zu mobilisieren.

Für unser **Ganz**- und **Anders**werden ist es förderlich, Energie nicht mehr in Widerstand zu stecken, sondern in neue Projekte und Ideen. Lieber umsteigen als aufreiben!

∞ *Selbstsabotage ist verweigerte Lebendigkeit. Wer sich selbst fremdgeht, begeht die Todsünde.*
∞ *Widerstand ist Irrtum.*
∞ *Jeder Widerstand löst sich, indem wir den Kampf aufgeben.*
∞ *Wo ich mich selber abwehre, kann ich auch dem anderen keinen Platz geben.*
∞ *Widerstand und Abwehr gehen mit Projektion Hand in Hand.*
∞ *Das Rödeln verhindert oft das Handeln. Das Handeln erkennst du an der Spannkraft.*
∞ *Sparen hat oft mit Lebensversäumnis im Warten auf den richtigen Augenblick zu tun.*
∞ *Die abgelehnte Ungeduld wird destruktiv.*

- *Wer sich auf etwas versteift, verliert die Realität.*
- *Ich ärgere mich, damit ich nichts verändern muß.*
- *Was wir machen ist: lückenlos die Lücke verhindern.*
- *Bei fixem Denken auch nur starre Ergebnisse.*
- *Die Glücksverhinderung manifestiert sich in der Abwehrhaltung.*
- *Dadurch, daß ich ein Problem zurückhalte, verschwindet es ja nicht.*
- *Wir sind bereits aus unserer Not raus und haben nur noch zu lernen, nicht mehr so zu tun, als wären wir noch drin.*
- *Wer sein Unglück nicht voll nimmt, bleibt drin stecken.*
- *Bei jeder Manipulation manipuliere ich zuallererst mich.*
- *Hinter meinem Widerstand lauert die Wahrheit.*
- *Stabile Abwehr, stabiles Unglück.*
- *Alles, was ich verhindern will, passiert.*
- *Alles, was ich nicht haben will, das sucht mich heim.*
- *Jeder Abwehrmechanismus wehrt Leben ab.*
- *Wenn ich mit der Veränderung mitgehe, bin ich leicht, bin ich im Fluß.*
- *Anstatt die Lösung zu nehmen, springen wir gerne auf das nächste Problem.*
- *Wenn ich ganz und gar x,y bin,* dann *fange ich an zu leben. Und was mache ich davor?*
- *Wir denken nur, es würde schwierig, solange wir nicht anfangen.*
- *Mißtrauen ist eine gute Basis für die Wiederholung von altem Elend.*
- *Immer, wenn wir bockig werden, sind wir im Film. Vehemente Abwehr heißt, ich habe was mit dem Thema zu tun.*
- *Nach der Lösung brauchte ich sechs Wochen, um mich wieder an mein Problem zu gewöhnen.*
- *Jede leere Drohung schwächt beide Beteiligten.*
- *Sowie wir was müssen, vergeht uns die Freude daran.*
- *Der Verstand arbeitet Hand in Hand mit unserer Abwehr.*
- *Wir haben Angst vor der Erfahrung, deshalb gedeihen Glaube und Verstand.*
- *Ständiges Aufbegehren kann auch eine Form des Sicheinrichtens sein.*

- ∞ *Aushalten ist eine Form von Verdrängung und führt zu mehr Leid.*
- ∞ *Das Wort »Selbstbeherrschung« ist ein Euphemismus und meint im Grunde Verdrängung.*

INTEGRATIONSFRAGEN:

- Was löst Widerstreben, Widerstand und Abwehr in mir aus?
- Wovor will mich mein Widerstand schützen?
- Und wie recht hat er?
- Und wie wäre ich, wenn ich verantwortungsvoll gelegentlich selbst machte, wovor mein Widerstand mich zurückschrecken läßt?

Endlich wieder stehen

Dem Widerstand widerstehen
heißt nicht: sich beugen
heißt nicht: kämpfen,
sondern es heißt:
an ihm entlang
durch ihn hindurch
über ihn hinauswachsen
– es heißt:
einen neuen Stand finden.

Wut

Wut entsteht, wenn der eigene Wille oder die eigene Bewegung blockiert werden. Grundsätzlich gibt es zwei *destruktive* Ausdrucksrichtungen von Wut:

1. nach **außen** als Aggression, durch die das Umfeld beeinträchtigt wird. Das Spektrum reicht von »mildesten« Kampfformen, wie zum Beispiel übertriebenem Helfen, das den andern schwächt, bis zur körperlichen oder seelischen Massivverletzung.
2. nach **innen** als ein **Sich**-Ärgern. Ein nach innen losgegangener »Wutschuß« zeigt sich auch an autoaggressiven Krankheiten oder seelischem Leid, wie Depressionen.

Offensichtlich steckt in der Wut ungeheure Energie, die wir *konstruktiv* nutzen könnten, indem wir uns:

1. ganz bewußt für die Förderung des blockierten Eigenen einsetzen, anstatt uns unzählige Male über dieselbe Angelegenheit zu ärgern.
2. oder indem wir eine Haltung erlangen, in der das Eigene sich in den Gesamtfluß natürlichen Geschehens einfügt. Dies hat nichts mit Verdrängung, Unterordnung oder Anpassung im negativen Sinn zu tun, sondern ist eher eine Art »Überhöhung« des Wollens, bei der sich das eigene Wollen über den eigenen Widerstand, über das Festhalten am vermeintlich Notwendigen oder Sicheren erhebt.

Wut und Ärger machen uns darauf aufmerksam, daß wir irgend etwas nicht leben. Wenn wir dann trotz aller Widerstände und Ängste unserer Wut folgen, dann wird unser bisher »erlaubtes« Eigenes erweitert, wodurch vernachlässigtes Potential belebt und integriert werden kann. Und wieder haben wir einen Beitrag zu unserem **Ganz**- und **Anders**werden geleistet.

- ∞ *Wut ist immer die Rückseite von Angst.*
- ∞ *In der Wut laufen wir in die eigene Sackgasse.*
- ∞ *Wut ist immer ein Zeichen von Nichtgehandelthaben.*
- ∞ *Groll ist verknöcherte Wut.*
- ∞ *Mit der Wut verdecken wir. Mit dem Zusichstehen decken wir auf.*
- ∞ *Chronische Sticheleien sind nicht ausgedrückte Wut.*
- ∞ *Wenn ich Wut spüre, dann sage ich sofort: Stop! Und frage mich: In welche Richtung kann ich vorwärts?*
- ∞ *Wut und Aggression sind immer ein Stück Selbstvergiftung.*
- ∞ *Da, wo ich kämpfe, bin ich blockiert.*
- ∞ *Solange wir mit unserem Schmerz-Ich identifiziert sind, bieten wir der Wut Ausbruchsgelegenheiten.*
- ∞ *In jedem Kampf steckt ein Defizit.*
- ∞ *Kämpferisch wird es dann, wenn ich meine, nicht sein zu dürfen, wie ich bin.*
- ∞ *Wir kämpfen um das, was wir längst haben und verhindern so, daß wir es bekommen.*
- ∞ *Depression ist nicht gelebte Wut.*
- ∞ *Wer kämpft, will keine Veränderung zulassen.*
- ∞ *Sich durchsetzen heißt: ich darf sein.*
- ∞ *Der Ärger ist die kleine Schwester der Wut.*
- ∞ *Da, wo Wut nicht nach außen schlägt, schlägt sie nach innen.*
- ∞ *Gegen wen oder was bin ich depressiv oder traurig? Diese Frage kann sich jeder Depressive stellen.*
- ∞ *Wenn ich kämpfe, jage ich meine eigene Energie in eine Sackgasse.*
- ∞ *Ich kann nicht gegen jemand anders kämpfen, ohne gegen mich selbst zu kämpfen.*
- ∞ *Im Kampf hält man die Energie auf der Stelle. Du kannst nicht siegen und wirklich glücklich sein. Siegen und lieben gehen nicht zusammen.*
- ∞ *Keine Blume springt aus der Erde; es geht eher allmählich. Aber auch: Aushalten ist ein Verbrechen an der Natur. Außerdem macht Aushalten brutal.*

INTEGRATIONSFRAGEN:

- Was ärgert mich?
- Habe ich mich schon öfter über dieselbe Angelegenheit geärgert?
- Mit dem Ärgern halte ich unterschwellig an dieser Angelegenheit fest. Welche gezielte Handlung oder welche gezielten Worte verändern die Situation? Wann ziehe ich sie dem Ärger vor? In drei Jahren?
- Welches primäre Gefühl geht meinem Ärger voraus?*

* Zum umfassenderen Verständnis sei auf die Vortragskassette *Wut als Glücksbringer* verwiesen.

Zeit

Unser Erinnerungsvermögen konserviert Gewesenes. Unser Vorstellungsvermögen antizipiert und konstelliert Kommendes. Unser Jetzt-Gefühl liegt immer zwischen dem Es-war und dem Noch-nicht. Die Tatsache, daß sich unser Bewußtsein in diese zwei Richtungen über das Jetzt hinausbewegen kann, vermittelt ein Gefühl von »Strecke«, »Länge« anstatt von jeweils punktuellem Augenblick. Das Strecken- oder Längengefühl nennen wir Zeit und die beiden Richtungen Vergangenheit und Zukunft.

Im Erinnerungsstreifen gibt es Objekte oder Menschen, die sich verändern, die vergehen. So entsteht die Vorstellung von Vergänglichkeit. Zeit als solche ist im Grunde eine Ausstülpung unseres Reiseunternehmens, genannt Bewußtsein.

Sie ist nicht ursächlich verantwortlich für Vergänglichkeit und Abnutzung. Das ist ein anderer Prozeß, und doch geschieht alles im Zeitstreifen. Zu unserem Zeitkonzept gehört auch noch das unabänderliche Nacheinander, die Linearität der Ereignisse: erst Babysein dann Greis, niemals umgekehrt. Aufgrund von Linearität und Erinnerungsvermögen können wir vergleichen zum Beispiel das Baby mit dem Greis, oder intern stellen wir fest: Jetzt bin ich im Vergleich zu früher relativ alt und im Vergleich zu später relativ jung. So entsteht das Strudeln im Relativitätstheater. Und genau das ist fatal, weil wir dadurch von dem, was wir eigentlich sind und von dem, was jetzt im Moment spürbar ist, abgetrieben werden. Das wiederum bedeutet nicht nur, daß wir die Gegenwart als die einzige Zeit, die wir erlebnismäßig echt haben, verpassen, sondern auch, daß wir uns selbst verpassen, nicht voll ausschöpfen. Und so gehen wir dann vielwisserisch und vieldenkerisch und vielgeplagt an unserer wertvollsten Selbst- und Sinnerkenntnisrampe vorbei.

- ∞ *Emanzipation von der Zukunft = Erweiterung der Gegenwart.*
- ∞ *Der einzige aufrichtige Weg ist in der Gegenwart.*
- ∞ *In der Gegenwart ist man von entplanter Präsenz.*
- ∞ *Nur in der Gegenwart ist die Qualität der Ewigkeit spürbar. Gegenwart ist Ewigkeit.*
- ∞ *Zeitliches Abhakenmüssen verhindert die Gegenwart.*
- ∞ *Begrenzungen in der Vergangenheit führen zum Traum von einer unbegrenzten Zukunft. Beides ist Illusion.*
- ∞ *In der Gegenwart darf keine neue Vergangenheit entstehen.*
- ∞ ***Jetzt** ist die einzige Zeit, die wir haben.*
- ∞ *Kaum ist die Zukunft in Gefahr, fängt die Gegenwart an.*
- ∞ *Jede Gewohnheit ist die Verlängerung von Vergangenheit.*
- ∞ *Lebendigkeit ist außerhalb von Gewohnheit.*
- ∞ *Meistens mißbrauchen wir die Gegenwart als Schlupfloch für die Vergangenheit.*
- ∞ *Weil ich warte, verpasse ich die Gegenwart.*
- ∞ *Im Krieg kann man nicht von der Zukunft träumen; da muß man in der Gegenwart sein.*
- ∞ *Das Jetzt ist eine Transformation von Vergangenem.*
- ∞ *Sobald du im Leistungsdruck bist, bist du raus aus der Gegenwart.*
- ∞ *Das Sichsorgen speist sich aus der Vergangenheit und wirft sich auf die jetzt noch nicht in der Gegenwart angekommene Zukunft.*
- ∞ *Mit jedem Reden, das aus der Vergangenheit kommt, nageln wir uns noch mal in der Vergangenheit fest.*
- ∞ *Mit jeder Story spritzt man Leichengift in die Gegenwart.*
- ∞ *Die Gegenwart ist der einzige Ausgang.*
- ∞ *Die Sprache kommt aus der Vergangenheit. Das Gefühl ist jeden Augenblick neu.*
- ∞ *Der beste Zeitpunkt ist immer jetzt.*
- ∞ *Störende Vergangenheit ist alles, was unerledigt ist.*
- ∞ *Der Vorteil an der Vergangenheit: sie ist vorbei.*
- ∞ *Wenn ich mit der Zeit im Wettlauf bin, dann nehme ich die Zeit zu ernst.*
- ∞ *Zukunft ist sich einlösende Gegenwart.*
- ∞ *Nunc stans: im Augenblick geborgen sein.*
- ∞ *Wer die Vergangenheit nicht voll hatte, will sich das Nichtgelebte später abholen.*

- ∞ *Wer gut in der Gegenwart lebt, betreibt Zukunftsprophylaxe.*
- ∞ *Das einzige, was wir begreifen müssen, ist, daß wir nur die Zwischenzeit haben.*
- ∞ *Wenn wir viel gute Zeit haben, verliert die schlechte Zeit an Attraktivität.*
- ∞ *Solange wir auf die Zukunft schielen, ist Leben unmöglich.*
- ∞ *Nie mehr vergleichen müssen, nie mehr verdammen müssen ist Würdigung des Augenblicks.*
- ∞ *Die Zeit, die immer nur kommt, ohne jemals zu bleiben, drückt uns doch glatt jedes Jahr einen Geburtstag aufs Auge.*

INTEGRATIONSFRAGEN:
- Wieviel Gegenwart habe ich pro Tag?
- Wie oft halte ich inne, um mich auf das Wesentliche zu besinnen?
- Ist meine Freizeit freie Zeit?

Vergänglichkeit

Daß wir nicht hinauslaufen
aus unseren Häusern,
unseren Städten,
unseren Ländern,
daß wir nicht schreien,
uns nicht in die Wüste legen
als Bekenntnis
unseres Ausgesetztseins,
ist so unglaublich
wie Vergänglichkeit, die sich am Zahn- und Haarersatz vorbeischleichen soll.
Es ist so unglaublich wie Brathendl mit Pommes
aber auch

wie das Frühlingslied eines Vogels.

Nur vorwärts

Du krempelst die Ärmel hoch,
weil du endlich an deiner Zukunft bauen willst;

und du baust und baust und baust,
und was bleibt, ist deine Zukunft,
die höhnisch über deine Vergangenheit lacht.

Und dann endlich rückwärts schauend,
spürst du das Vorwärts, das dir deine Zukunft
in der Gegenwart
schenkt.

Kein höhnisches Lachen mehr – sondern
zwei Zeitrichtungen aufgelöst im
Jetzt.

Zwang und Kontrolle

Neulich konnte ich mithören, als das Unbewußte eines Zwangskranken sprach. Es sagte:
»Das Leben wäre gefährlich,
es geriete außer Rand und Band,
wenn ich es nicht bezwänge
und in Schach hielte
und nicht meiner Vorstellung unterwürfe.
Da bin ich sogar bereit,
meine Zeit,
meine Kraft
und zur Not auch meine Freude zu opfern,
um der Lebensbedrohung durch das Leben
zu begegnen.
Mir drohte nämlich **Leben** durchs Leben,
wenn ich nicht ständig aufpaßte.«

Als ich versuchte, mit diesem Unbewußten zu sprechen, hörte es weg und wollte sich nicht bewegen. Mir gelang es gerade noch, ihm meinen Notruf für alle Fälle zu geben. Wochen später rief es mich an und sagte ganz erschöpft: »Das Leben macht ja doch, was es will. Ich habe meinen Kampf aufgegeben und bin ganz erstaunt, daß ich noch lebe, beziehungsweise, daß ich **jetzt** überhaupt erst lebe.« Gestern habe ich es zufällig getroffen und gesehen, daß es ganz versunken war in ein wunderschönes Spiel. Als ich es fragte, ob Hingabe gefährlich sei, schüttelte es lächelnd seinen Kopf.

∞ *Je kontrollierter, desto größer das Ungetüm, das sich im Untergrund entwickelt.*
∞ *Mit Kontrolle können wir alle in die Flucht schlagen.*
∞ *Zwang fordert, daß ich eine Situation kontrolliere.*
∞ *Stabile Abwehr, stabiler Wiederholungszwang.*

- ∞ *Kontrolllosigkeit ist eine Form naturbedingter Hingabe.*
- ∞ *Veränderung zulassen, bedeutet Kontrollverlust und erfordert deshalb Mut.*
- ∞ *Je größer die innere Sicherheit, desto überflüssiger die Kontrolle.*
- ∞ *Wenn* ich *mich habe, dann braucht mich der Zwang nicht zu haben.*
- ∞ *Die bestimmte Art eines Zwanges weist immer darauf hin, wo der wunde Punkt war (ist).*
- ∞ *Zwang ist das Hinein-gestrudelt-Werden in einen sich verselbständigt-habenden Kontrollprozeß, den man nicht stoppen kann.*
- ∞ *Vom Gefühl des Zwangskranken her gesprochen, ist der Riß in seiner Kontrolle gleichbedeutend mit dem Ausbruch von absolutem Chaos.*
- ∞ *Wer sich dem Zwangskranken unterwirft, stabilisiert dessen Zwanghaftigkeit. Wer sich nicht unterwirft, bringt den Zwangskranken an die Grenze und total in Aufruhr, was dann entweder zur Heilung oder zur Trennung führt.*
- ∞ *Der Gegenspieler vom Zwang und von der Kontrolle ist das Vertrauen. Je mehr Vertrauen ich habe, um so weniger muß ich kontrollieren.*
- ∞ *Die Kontrolle will eine Sicherheit und Stabilität hervorrufen. Sicherheit und Stabilität sind so was wie künstlich konstruiertes Vertrauen.*
- ∞ *Wenn ich lückenlos kontrolliere, bin ich im Grunde ohnmächtig, weil ich Opfer des Kontrollieren-Müssens bin, und wenn ich gar nicht kontrolliere, dann bin ich Opfer von außer Rand und Band geratenen Umständen, also bin ich im einen wie im andern Fall in der Ohnmacht. Jede Neurose hat mit Überwertigkeit zu tun.*
- ∞ *Der Zwangskranke ist Knecht der Starrheit seiner Kindheit.*
- ∞ *Zwang ist: mit viel Tempo auf der Stelle laufen.*
- ∞ *Vertrauen ist die Morgenröte am Horizont der Zwangskrankheit.*
- ∞ *Zwang ist Stabhochsprung ohne Stab.*
- ∞ *Zwang ist die Unfähigkeit, das Leichte und Bewegliche zuzulassen.*
- ∞ *Die beste Therapie für Zwang ist die Erfahrung, daß die künstlich errichtete und aufrechterhaltene Pseudosicherheit genauso sicher ist, wie das Leben ohne diese Pseudosicherheit.*

- ∞ *Außerhalb des Zwangsterrains nicht umgekommen zu sein, diese Erfahrung begünstigt die Heilung von Zwang.*
- ∞ *Wer völlig kontrolliert ist, baut sich was ins Leben, wo er unkontrolliert sein muß, um so einen Ausgleich herzustellen.*

INTEGRATIONSFRAGEN:
- Wann kann ich vertrauen?
- Wie fühlt sich Vertrauen für mich an?
- Für wieviel bin ich wirklich verantwortlich?
- Wie möchte ich mein Leben gestalten? Womit fange ich an?

Zwanghafte Menschen können sich näherrücken, indem sie in folgendem Satz x und y gemäß ihren Empfindungen schriftlich ausführen: Ich kontrolliere x, weil ich y befürchte.

Verschwendung

Natur ist Fülle.

Die Autorin

Die Philosophin Ute Lauterbach zieht durch die Welt und beeindruckt ihr Publikum durch ihren messerscharfen Geist, ihren mitreißenden Humor und ihr darstellerisches Talent. Sie hat die Fähigkeit, schwierigste philosophische Sachverhalte jedem verständlich und für die Praxis verfügbar zu machen. Darüberhinaus gelingt es ihr, Schicksal und Projektionen transparent zu machen, wodurch der einzelne oft schlagartig in die Lage versetzt wird, den Befreiungsweg für seine blockierten Energien zu sehen.

Einstens Studienrätin für Philosophie und Englisch; heute Vorträge im In- und Ausland, Veröffentlichungen und Fernsehauftritte, philosophische Abhebkurse, Ausbildungen zur psycho-energetischen Integration, Einzel- und Gruppenarbeit zur Problem- und Schmerzbewältigung.

Lauterbach leitet das **Institut für psycho-energetische Integration** in Altenkirchen im Westerwald.

Die Symbolsprache der Astrologie benutzt sie auf ganz unkonventionelle Art: nämlich als Erkennungs- und Befreiungsmittel, so wie sie es darlegt in ihrem Buch: *Gelebtes Leben durch psychoastrologische Integration*.

Das jeweils aktuelle Jahresprogramm können Sie ganz zwanglos anfordern beim:

Institut für psycho-energetische Integration
Zum Johannistal 1
57610 Altenkirchen
Tel.: 0 26 81 - 24 02
Fax: 0 26 81 - 24 05
e-mail: Ute.Lauterbach@t-online.de
Internet: http://www.t-online.de/home/Ute.Lauterbach

Und

Vortragskassetten zu folgenden Themen sind erhältlich:

1. *Wo versteckt sich Gott?*
2. *Wer zuletzt lacht, lacht zu spät*
3. *Liebesrausch und Liebeshölle*
4. *Grundlos glücklich*
5. *Wut als Glücksbringer*
6. *Partnerschaft - ein Kampf auf Leben und Tod?*
7. *Projektion? Was ist das?*
8. *Krankheit - das letzte Sprungbrett der Seele?*
9. *Schicksal fängt in der Familie an*
10. *Endlich schuldig - endlich frei*
11. *Der Tod als Denk-mal*
12. *Dornröschens Erleuchtung*
13. *Vom Laberschwall zum Lebenshall*
14. *Rache ist sauer*
15. *Verliebtheit als Entwicklungschance*
16. *Astroreise durchs Leben*
17. *Astrologie und Yoga*
18. *Superlearning: Schlüsselbegriffe zu den astrologischen Begriffen*

UTE LAUTERBACH

ASTROLOGIE

Gelebtes Leben durch psycho-astrologische Integration

Ute Lauterbach, Studienrätin für Philosophie und Englisch, hat es sich zur Aufgabe gemacht, die in Schicksalsschlägen und Unzufriedenheit gebannten Energien dem Einzelnen wieder verfügbar zu machen. Das bedeutet, sie ist nur an angewandter Philosophie, Psychologie und Astrologie interessiert. Ute Lauterbach leitet das Institut für psychoenergetische Integration in Altenkirchen (zwischen Bonn und Siegen). Sie hält seit vielen Jahren Vorträge im In- und Ausland.

Die Astrologie ist eine Beschreibungsebene, von der aus wir das ganze Spektrum unserer Kräfte begreifen und erfassen können.

Wenn aber wirklich alles dafür spricht und auch dafür sprechen soll, daß Ihr Leben einfach aussichtslos ist, dann lesen Sie dieses Buch nicht. Wenn Sie hingegen Lust haben, sich zu Ihren Kräften und so zu sich selbst auf den Weg zu machen, dann halten Sie gerade Wanderstab und Kompaß in den Händen.

ISBN 3-925898-22-0 • kartoniert
224 Seiten, DM 28,– / SFr. 29,30 / öS 219,--

NEUE TITEL

...wege zu Gott – leben aus der Liebe...

Herausgeber: Benjamin Shield und Dr. Richard Carlson

192 Seiten · kartoniert DM 28,–
ISBN 3-925898-10-7
Mit einem Geleitwort von G. Jampolsky.

...wege zu Gott – leben aus der Liebe... ist eine herrliche Sammlung neuer Beiträge, die die spirituelle Renaissance des ausgehenden zwanzigsten Jahrhunderts wiederspiegelt. Shield u. Carlson, die Herausgeber, haben mit diesen sechsundzwanzig Essays eine reiche Vielfalt spiritueller Weisheit zusammengetragen. Bekannte Persönlichkeiten der ganzen Welt äußern sich über ihre persönliche Beziehung zu Gott; sie bieten Denkanstöße und geistige Nahrung für das innere Wachstum. Mit Beiträgen von: **Dalai Lama, Mutter Theresa, Thich Nhat Hanh, Ken Keyes Jr., David Steindl-Rast, Shakti Gawain, Brooke Medicine Eagle, Matthew Fox, Anne Wilson Schaef, Jean Shinoda Bolen, Sri Kriyananda u. a.**

„Manche empfinden den Begriff »Gott« als einengend, andere gebrauchen ihn gar nicht. Doch die Worte Seiner Heiligkeit des Dalai Lama – in dessen Beitrag das Wort »Gott« nicht auftaucht – bewegten mich ebenso wie die Aussagen anderer, die über Gott schrieben. Die Schlichtheit der Bemerkungen Seiner Heiligkeit über das Üben von Freundlichkeit, Mitgefühl und Toleranz in unserem Leben, über die Harmonie zwischen unserem Herzen und unserem Denken sowie über die Wichtigkeit unserer spirituellen Ernährung spricht unmittelbar zum Kern unserer Seele."

G. Jampolsky

NEUE TITEL

TRANSFORMATION durch HUNA

Der Stadt-Schamane

Serge Kahili King verbindet in einzigartiger Weise den westlich-wissenschaftlichen Weg (Doktortitel der Psychologie von der California Western University) mit dem traditionellen hawaiianischen Schamanenweg, in dessen Tradition er aufwuchs und zum Schamanistischen Meister initiiert wude. Er bildete in seinen Seminaren in der ganzen Welt Tausende im Schamanismus aus. Er lebt mit seiner Familie auf Kauai, Hawaii.

ISBN 3-925898-15-8, gebunden,
264 Seiten DM 33,–

Der Titel dieses Buches lautet – *Der Stadt-Schamane.* Obgleich der Begriff Schamanismus gewöhnlich an ländliche Gegenden oder Wildnis denken läßt, ist seine Ausübung auch im städtischen Bereich sowohl natürlich als auch notwendig. Erstens ist der Schamane vor allem ein Heiler, unabhängig vom kulturellen oder geographischen Umfeld. Zweitens leben heutzutage mehr Menschen in Städten und Ballungsräumen als auf dem Lande, und sie sind es, die der Heilung am meisten bedürfen.

Im ersten, praktischen Handbuch zur Anwendung dieser uralten Heilkunst in unserem modernen Leben erfahren Sie, wie Sie:

- Ihre Träume deuten und verändern;
- sich selbst, Ihre Beziehungen und Ihre Umgebung heilen;
- kraftvolle Rituale aufbauen und durchführen;
- Einstellungsänderungen erreichen;
- auf innere Visionssuche gehen und
- andere Wirklichkeiten aufsuchen können.

„Dieses schöne, nützliche Buch enthüllt profundes Wissen über unsere Beziehung zur Natur und zum Universum. Ich ließ mich von diesen Weisheits-Prinzipien inspirieren, die ein Licht auf unserem Weg durchs Leben sein können.“
Dan Millman, Autor von „Der Pfad des friedvollen Kriegers“

Lüchow Video

HUNA

Serge Kahili King

ISBN 3-925898-36-0
25 Minuten • VHS
Englisch mit deutschem Untertitel
ca. DM 69,–/sFr. 68,80/öS. 538

ISBN 3-925898-52-2
60 Min. • VHS • Englisch
ca. DM 79,–/sFr. 78,70/öS. 616

HUNA: Die mystische Weisheit von Hawaii

Serge Kahili King präsentiert hier die sieben Prinzipien der Aloha-Philosophie, die HUNA genannt wird und die immer mehr Anhänger gewinnt. HUNA ist ein praktischer Lebensweg, um effektiv und in Harmonie mit sich und seiner Umgebung zu leben. Ein überzeugendes Video des beliebten Autors und Seminarleiters.

Urban Shaman Companion

In diesem spannenden einstündigen Video, das auf dem Buch *Der Stadt-Schamane* (Lüchow) basiert, erläutert Serge King die Prinzipien von HUNA, die verschiedenen Ebenen des Selbst, zeigt den Gebrauch von Energieverstärkern und führt Sie zu einem Heilungsritual auf der Insel Kauai/Hawaii. Dies ist eine seltene Gelegenheit direkt von einem Meisterschamanen der Hawaiianischen Tradition zu lernen.

Lüchow Audio

HUNA

Serge Kahili King

5 Tonkassetten, je ca. 60 Minuten
DM 25.–/ sFr. 26.30/ öS. 195

HUNA und der Hawaiianische Schamanismus	ISBN 3-925898-31-X
HUNA und Liebe	ISBN 3-925898-32-8
HUNA und Erfolg	ISBN 3-925898-33-6
HUNA und Intuitive Fähigkeiten	ISBN 3-925898-34-4
HUNA und Heilung	ISBN 3-925898-35-2

Krieger des Herzens